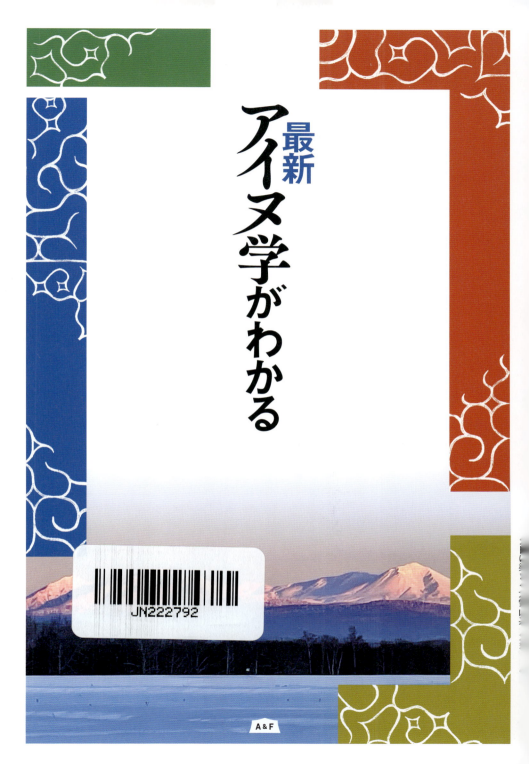

最新
アイヌ学がわかる

JN222792

A&F

巻頭言　新しいアイヌ学へ

最新「アイヌ学」にようこそ

佐々木史郎
国立アイヌ民族博物館館長
ウポポイ運営副本部長
SASAKI SHIRO

先住民族アイヌとその文化に対する関心が高まっています。

それは、二〇二〇年のウポポイ（正式には「ウアイヌコロ コタン」あるいは「民族共生象徴空間」という）の開業と前後して、アイヌ出身と設定された登場人物たちが活躍する漫画が人気を博したことも大きく影響しています。関心の高まりとともに、アイヌ民族に対するさまざまな考えや意見が巷にあふれるようになってきましたが、その中には必ずしもきちんと実証された事実に基づいているわけではないものが見られます。そのような意見や考え方は誤解を生み、それが差別や偏見、時には相手を貶める暴力的な発言へとつながります。今日ほど先住民族アイヌに関するきちんと実証された事実に基づく「正しい認識と理解」[1]が求められる時代はないのかもしれません。そのためには最新のアイヌ研究を統合した、分野横断型の「アイヌ学」の確立が急務です。本書はその最新の「アイヌ学」の動向をわかりやすく伝える「入門書」です。

近年のアイヌ研究には次のような新しい動きが見られます。

まず指摘すべき点は、一九九〇年代後半からアイヌ出身の研究者が続々と現れて、当事者の立場から自らの歴史や文化、ことばを研究するようになったことと、アカデミズムがそれを真正面から受け止めるようになったことです。二十世紀までのアイヌ研究はアイヌ以外に出自を持つ研究者による研究成果の寄せ集めでした。アイヌ出身の研究者も文化や言語、あるいは思想などの分野で独自の成果を上げましたが、アカデミズムはそれを等閑視することが多かったことは否めません。しかし近年はアイヌ出身の若い研究者がアカデミズムの内外で活躍し、注目を集めています。それは、アイヌ自身による研究と従来の非アイヌ中心の研究が合流する新しいアイヌ学誕生への一歩であると考えられます。

もう一つの新しい動きとしては、研究する側とされる側の垣根が低くなり、両者の協力によって研究と実践が融合し始めている点です。これまで多くの場合、研究者は社会的に圧倒的に強い立場に立ち、多くのアイヌが「情報提供者」（インフォーマント）とされてきました。研究者は情報提供者から一方的に情報を引き出して研究し、論文や本を書くものの、その成果が情報提供者に戻されることは希でした。しかし、現在では研究と実践は共同で行われ、その成果が両者に還元され、ウィン・ウィン関係になるような活動が求められています。

さらに三つ目には国際化を挙げることができます。つまり、アイヌに関する研究にアイヌや「和人」（主に北海道での文脈で民族的日本人を指す）以外の出身者が数多く加わってきているのです。アイヌ民族やアイヌ文化への海外からの関心はすでに三百年以上前からありましたが、それはあくまでも未知の世界の知られざる民族への好奇心でした。しかし近年は、海外から参入する研究者もアイヌの歴史や文化を十分調べた上で、先住民族としての権利や文化復興、あるいは脱植民地化といった問題意識を持って研究するのが主流です。しかも、グローバルな視野から、今まで見えていなかった新しいアイヌの姿を明らかにしつつあり、それはまた日本国内の研究にも大きな影響を与えています。

そして最後に付け加えなければならないのは、アイヌ民族、アイヌ文化を研究するにはそのための「倫理の確立」が不可欠だという認識が普及してきている点です。先に触れた研究する側とされる側の関係の変化もこの「研究倫理」とかかわります。両者は対等な立場にあり、研究側はつねにその成果を情報提供側に開いていなければならない。また、研究者は研究対象とする人たちの個人、集団、民族としての尊厳を尊重し、そのコミュニティの規範や倫理を遵守しなければならないのです。

本書の各部、各章はさまざまな分野で活躍し、上記のような最新動向を熟知する研究者や実践者のエッセイで構成されています。アイヌ研究の専門家とともに、アートで先端を切り拓く人、文化復興の最前線にいる人、あるいは隣接分野の研究で最先端にいる人などが、先住民族アイヌの「正しい認識と理解」の普及のために、最新の動向を伝えてくれているのです。そしてそれが最新の「アイヌ学」の確立に貢献しています。

本書を通じて先住民族アイヌに関する「正しい認識と理解」が着実に広がっていくことを期待してやみません。

（1）これは国立アイヌ民族博物館の理念から引用した（https://nam.go.jp/about/）。

巻頭言　新しいアイヌ学へ

「研究される者」のための研究

北原モコットゥナシ
北海道大学　アイヌ・先住民研究センター 教授
KITAHARA MOKOTTUNAS

「アイヌ学」を冠する書籍はこれまでにもいくつかありました。それは、主に非アイヌ（和民族／和人）によって書かれたものです。いっぽう、女性学、障害学などは、今日では当事者が研究の主体となっています。本書でも、アイヌの外からの視点に加え、内からの視点をバランスよく取り入れることを目指しました。

かつてアイヌをはじめとするマイノリティの研究はマジョリティが構想する社会を実現するためにマイノリティがどのような役割を果たすべきか（しかるべき地位で統合されるか、あるいは排除されるべきか）を論じるもので、様々な「科学的」調査の結果や理論は、それを補強するためのものでした。そのため、人種やジェンダーに関する古い研究は客観性や実証性、あるいは批判的な検証に欠けるところがありました。これらの学問が、今日では「似非科学」と評されるのはこのためですが、日本国内では旧態依然とした人種・民族観やジェンダー観が社会の常識に根付いています。

その表れとして、本質主義的な言説、つまり「本物のアイヌ」の条件を問う物言いや、それに基づく存在否定などがあります。「純血のアイヌはいるのか（いないならばアイヌはもう滅びた）」などはその典型です。ほかにも、アイヌについて知ろうとすれば「アイヌと沖縄人には『縄文人』のゲノムが多く受け継がれているので日本の一部である」「アイヌは国を作らなかったから日本に統合されるのが自然」「日本に住み日本語を話している者は日本人だ」「アイヌ語を話せないならもう民族性を主張しなくても良い」などといった言葉に出くわします。

これらは民族としてのアイヌのアイデンティティを外から規定し、あるいは同化を進めればアイデンティティ主張の根拠も消えると見なす点で戦前からの植民地主義の下でなされてきた主張と通じます。これが現代日本の、ある程度教養のある和民族市民の認識を表しているのではないでしょうか。

縄文文化やゲノムの研究などは、それ自体は1つの研究であり、良くも悪くもありません。ただ、植民地拡張が「当然」で、国民の統合が求められていた時代以来、マイノリティの能力や権利を低く評価し、マジョリティを称揚することに疑問を持つ者は多くありませんでしたし、マジョリティ保守層にウケるような研究はマイノリティにとっての息苦しさを生みます。右のように脱植民地化の議論を封じる意図から参照・悪用されているゲノム研究も、「日本のルーツを探る」という、マジョリティの関心に沿って進められてきたものでした。

このような研究史に対しては、マジョリティ側から振り返りがはじまっています。本書のなかでも、座談会や第3部や4部などで、その一端を知ることができます。

20世紀の後半には、マイノリティが自ら行う研究が盛んになりました。そこには共通して「マイノリティがそのままの自己を肯定できることを目指す」「マジョリティが抑圧を生み出す構造を明らかにする」という2つのテーマがあります。

マジョリティによる研究は、先の例のように「劣ったマイノリティを対等に尊重する必要はない」という主張を生んできました。社会に蔓延するこうした思想を、マイノリティも内面に取り込み、息苦しさを感じてきました。マイノリティの当事者研究は、これらの決めつけや制約が根拠のない虚構であることを明らかにし、マジョリティによる監視や束縛から離れ、自由に生きることを志向してきました。

マイノリティの問題とされてきた「劣性」などは、本来はマジョリティの内にもあるものです。それをマイノリティに特有の問題とし、不平等な扱いや支配の根拠としてきたマジョリティを研究し、マジョリティの問題はマジョリティに返すことを志向するものです。アイヌ学の文脈でいえば、和民族学・和人学とでも呼ぶべき学問であり、本書でも第4部で論じられています。

本書には、こうした問題意識を同じくする方々から多くの論考を寄せていただくことができました。アイヌ語やアートの実践を通した探求をしている方、いわゆるアカデミックな研究をしている方など顔ぶれも多彩で、第一線に立っている方々です。アイヌ学そして和人学の確立に向け、読者諸氏とともにまた歩を進められることを嬉しく思います。

＊監修者注——地名について
北海道の北にあり、大陸との橋のように長くに伸びる島は樺太（からふと）（島）あるいはサハリン（島）と呼ばれる。本書ではそのどちらを使うかは著者の判断に委ねている。したがって、両者が登場するが、同じ島を指している。北海道の東にカムチャツカ半島まで連なる島々も千島列島あるいはクリル列島と呼ばれるが、本書では前者でほぼ統一されている。その他複数ある地名については、基本的に著者の判断に任せ、補足的に他の名称示すこともした。

マタンプシ
（鉢巻。東京国立博物館蔵。ColBase）

シトキ
（首飾。東京国立博物館蔵。ColBase）

第3章 もっと知りたいアイヌのこと

積丹半島の先端

第4章 アイヌ研究の最前線から

インタビュー 現在進行形のアイヌ文化

対談

いま、アイヌを語る意味

香山リカ
佐々木史郎
北原モコットゥナシ

一念発起して北海道の地域医療に取り組んでいる香山リカさん。アイヌの人権については強い関心を持っていたが、実際のアイヌに関してはまだ知らないことも多い。佐々木史郎さん、北原モコットゥナシさんとウポポイ館内を展覧し、いまアイヌを語ろうとしたら、どういう文脈を意識すればよいのか、三人で存分に語り合った。

アイヌ文化と「いいとこどり」

佐々木　香山さんは、ウポポイに来られたことはありますか？

香山　以前に一度、来たことがありますが、じっくりと観させていただくのは初めてです。しかも専門家の方に解説していただきながらでしたので、とてもありがたかったです。やっぱり実物を見ると迫力もありますし、古いものばかりではなく、現在、アイヌ文化を伝承している方を紹介するコーナーもあって、アイヌやアイヌ文化が失われてしまった過去のものではないということが実感できます。

佐々木　ありがとうございます。あのコーナーは非常に人気があるんです。

香山　アイヌやアイヌ文化を紹介する本は、かなりの数が出ていると思いますが、今回の企画はどういう方向性をお考えですか。

佐々木　従来のものにはない、二つの視点を盛り込んでいます。一つは「当事者性」。既存のアイヌ本のほとんどは、いわゆる和人の視点からみてアイヌを紹介していますが、今回はアイヌ自身がアイヌについて語るという視点を大事にしています。もう一つは「国際性」。これまでは日本社会、あるいは日本歴史の文脈でアイヌを見るというものが主流でした。今回はもっと広い視点、国際社会や世界史の文脈のなかでアイヌの存在を見直してみようと考えています。

香山　私自身は、二〇一四年ごろから、アイヌをめぐる社会問題に目を向けるようになり、アイヌ差別の問題や、アイヌの存在を否定する言説などと向き合ってきました。私は現在、北海道むかわ町の穂別で地域医療に携わっていますが、穂別を選んだ理由のひとつは、穂別で発見されたカムイサウルスに惹かれたからなんです。実際に穂別で暮らしてみると、アイヌと非常にかかわりが深いことが分かりましたし、ときどき地元の方から声をかけられます。あなたはもしかして、アイヌ差別に反対していた方ですか？

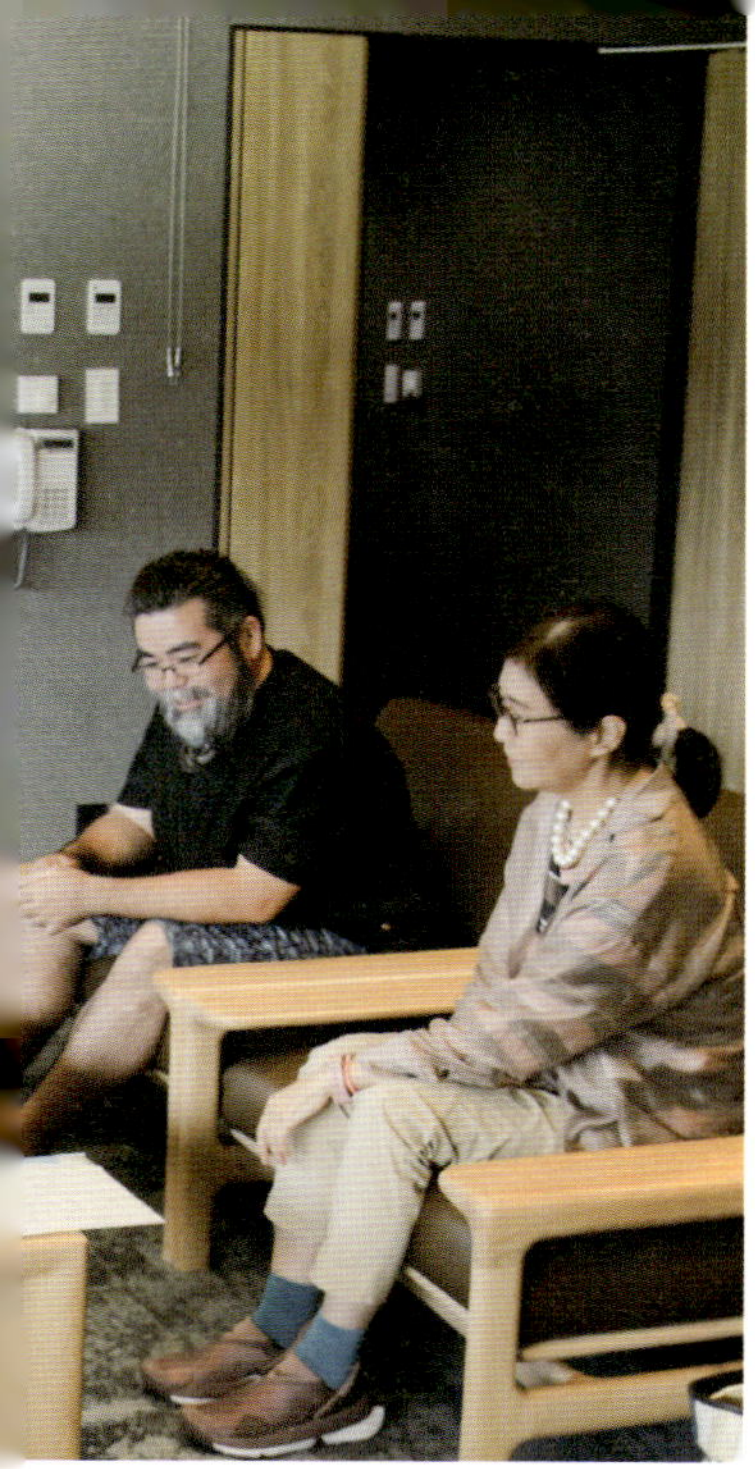

「当時者性」と「国際性」を重視

あの頃は自分たちが否定されたようで、とてもつらかったので、ありがとうとお礼まで言われたり。

一方で、私自身は「和人」で、アイヌの当事者ではありません。どういった立ち位置でアイヌをめぐる問題にアプローチするべきか。最近の言葉で言うと「アライ（理解者・支援者）」としてなのか、やはり考えてしまいます。

二〇二五年には穂別博物館の新館が完成して、カムイサウルス（恐竜）の全身骨格展示が実現します。それは非常に嬉しいことですが、この「カムイサウルス」というアイヌ語から来ている学名も、アイヌ文化を日本のアカデミズムが借用したのだということに気づきました。博物館の学芸員や関係者と話す機会には、穂別町アイヌ協会はもちろん、アイヌ当事者の意見を聞いて博物館展示に活かす方法がな

マジョリティの画一的なイメージを疑うべき

いかと伝えたりしています。

佐々木　シベリアの先住民族の研究を専門にしながら、国立アイヌ民族博物館の初代館長となった私も、同様の迷いを抱えています。

北原　一九九〇年代、韓流ブームがありましたが、私の母親などは、韓国や在日韓国・朝鮮人をあれだけ差別をしてきたのに、まるで手のひらを返したように持ち上げるのはバカげていると言っていました。それはドラマなど、自分たちが気に入った部分だけ切り離して持ち上げる「いいとこどり」ではないか。ところが二〇〇二年にサッカーの日韓共催ワールドカップの後に日韓関係が悪くなった。すると、それまでコンビニに並ぶ雑誌の表紙は韓国の俳優ばかりだったのに、いっせい消えてしまった。それを見て私はギョッとしたんです。そんなにあっさり、また手のひらを返すのかと。アイヌ語の使用についても、似たような側面があるのではないでしょうか。まるで植民地化が完成して、もうアイヌの存在が気にならなくなったので、安心して「いいとこどり」をしているかのようです。

　カムイサウルスについても、今後、博物館や関係者と穂別町のアイヌの方がどうやって良い関係を築いていくかが大事だと思います。

香山　私が東京でアイヌ差別反対などの論陣を張っていた当時、実はアイヌの当事者の方との交流はほとんどありませんでした。私も仲間も、日本社会に差別が存在すること自体に怒り、反対していたので、アイヌの方のために何かするという意識ではありませんでした。アイヌの方からのリアクションもあまりありませんでしたし。

北原　私はとても嬉しかったんですが（笑）

香山　むしろ穂別に来てからアイヌの方との交流するよう

になり、当事者の声を聞く、彼らの立場になって考えるということを意識するようになりました。

北原　以前に北大卒の起業家が訪ねてきて、社名をアイヌ語にしてロゴにアイヌ文様を使いたいと相談してきたんです。よく話をしてみると、どうも彼らはアイヌはもう存在しないと思っている。アイヌ文化を「北海道の古代文化」として使いたいと思っていたんです。で、私がアイヌだと知って「アイヌってまだ存在するんですね」と驚いていたくらいです。彼らは本州の出身で、北海道に土地を買って起業しようとしているのですが、一方で「最近、中国人が北海道の土地を買い占めているんです」などと言う。根本的なことを言えば、今の地権者はアイヌから土地は購入していないんです。

香山　今いる、アイヌに対してまったく目が向いていない？

北原　そうです。アイヌ文化は過去のものなので、北海道に住む者の財産として誰でも自由に使って良いと思っているんです。香山さんがアイヌに対するヘイトに反対するというのは、自分と同じ和民族が差別をすること自体に反対し、いわばマナーを注意しているのと同じですので、アイヌの当事者がかかわっていなくても成立します。しかし、アイヌ語やアイヌ文化を、当事者を無視して、いないことにして使用するというのは、やっぱり「いいとこどり」に見えてしまいます。

佐々木史郎

香山　発掘された恐竜にカムイサウルスとアイヌ語を使って命名する背景にも、そういう意識が見えてしまうということですね。そもそも発掘調査というアカデミックな行為に植民地主義的な意識が含まれているのは否定できないと思います。欧米などから来た学者が現地の人を使って発掘をする。その成果と栄誉は学者のものとなるわけですから。過去に戻るわけにはいかないので、いま現在の学問的な成果を否定することはできませんが、その背後にある関係性については見直す必要はありますね。

北原　たとえばアメリカでは、先住民の居住区で発掘を行

香山リカ

う場合はどうなっているんでしょう？

佐々木　その土地に鍬を入れるわけですから、先住民に許可を求めたり、何らかの儀礼的な行為をしてもらうことが必要になっています。オーストラリアなどでも常識となっていますね。

当事者を排除しない問題解決への道

香山　この本では、当事者であるアイヌの方とそうではない研究者の方のバランスをどう考えていますか。

北原　これは世界の先住民研究でも指摘されていることですが、内からと外からの目線のバランスが大事だとされていますので、本書ではそれを意識しています。ただ、アイヌ出自の研究者や文筆に携わる方の絶対数は限られていますから。

佐々木　それでも昔に比べればずいぶん増えましたよ。その昔、アイヌ文化振興法が定められました（一九九七年）。あのときに法案を審議した有識者懇談会には、アイヌは誰もいなかったんです。二〇一九年に新たにアイヌ施策推進法を決めるときには、有識者懇談会やワーキング会議にアイヌの有識者が複数加わっています。

北原モコットゥナシ

香山　二〇〇二年に、イギリスのスコットランドで認知症について議論されたとき、認知症の当事者の方が「私たち抜きに私たちのことを決めないで！」と声を上げた有名なエピソードがあります。マイノリティの問題と病気の問題を一緒にはできませんが、ある問題について議論したり何かを決めるとき、当事者を交えてその声を聞かなくてはならないというのは、世界の常識になっていると思います。

アイヌの問題にとどまらず、近年はマイノリティに対する差別や侮蔑的な発言や行為がエスカレートしているような印象があります。海外でも、移民排除を掲げる極右的なグループが一定の支持を得るようになったり。

佐々木　個人的な意見としては、ロシアのプーチンの在り方というのは、そういう差別主義者たちの最終形態のような気がしています。ヒトラーも同じですが、国民の多様性を認めず、全部自分の思い通りになる奴隷のように思っている。もちろんLGBTQにもマイノリティにも反対、ウクライナという民族・国家が存在してはいけない。ヨーロッパの極右系の人たちとプーチン政権との間に親和性があるのはそのためでしょうね。

北原　日本の学生でも留学生でも、自分たちをマジョリティに同一化させて見る傾向が強いのに気づきます。ところが彼女ら・彼らの思い描く日本や自国のイメージを並べてみると、まるで食い違っている。そこで、アイヌの話題を通して見えてくる日本の多様性を学びましょう、「自分たちとアイヌは違う」「自分たちは一つだ」という前提を疑い、事実に則して確認してみましょうと話しています。この本でも触れていますが、マジョリティ自身を学ぶ、マジョリティの画一的なイメージが、実は作られたものだということに気づいてゆく。それが学術的にも意味があるし、偏見の解消にもつながると思います。

香山　ネットの世界では「一つの日本」「万世一系の天皇家を掲げる日本」といった単純化したイメージで描かれる「日本」と自分を同一化し、異端を排除しようという言説が目に余ります。

佐々木　アイヌは先住民族ではなく、日本の先住民族は縄文人だという言説も問題です。縄文という民族は存在しません。縄文時代は一万年も続き、土器の特徴だけで「縄文」と一括りにしていますが、実際には時代と地方によって生活文化もさまざまです。縄文土器を使う多様な人々の一部が核になり、他の民族や文化と融合して長い年月をかけて形成されたのがアイヌ語やアイヌ文化なのです。

北原　『古事記』『日本書紀』も、ユーラシア各地のさまざまな神話的要素が含まれています。

香山　学問である限り「断定」をするのが難しい場合もありますが、そういう研究に学ぶことで、偏見や思い込みから解放されるという姿勢が不可欠ですね。

香山リカ　かやま・りか

北海道生まれ。精神科医。北洋大学客員教授。評論家、エッセイストとしても活躍する一方、むかわ町国民健康保険穂別診療所副所長として地域医療に携わる。主な著書に『精神科医はへき地医療で"使いもの"になるのか？ ～私の転職奮闘記～』（星和書店）、『61歳で大学教授やめて、北海道で「へき地のお医者さん」はじめました』（集英社クリエイティブ）、共著に『ヒューマンライツ―人権をめぐる旅へ』（ころから）などがある。

佐々木史郎　ささき・しろう

東京都生まれ。国立民族学博物館教授を経て現在、国立アイヌ民族博物館館長　ウポポイ運営副本部長。文化人類学を専攻し、北アジアの先住民族の研究を手掛ける。学術博士（東京大学）。主な著書に『北方から来た交易民―絹と毛皮とサンタン人―』（NHK出版）、『シベリアで生命の暖かさを感じる』（臨川書店）、共著に『ナショナル・アイデンティティを問い直す』（山川出版社）、『人類の移動史』（臨川書店）などがある。

北原モコットゥナシ　きたはら・もこっとうなし

東京都生まれ。アイヌ民族博物館学芸員を経て現在、北海道大学アイヌ・先住民研究センター教授。文化人類学を専攻し、アイヌ文学の研究も手掛ける。博士（学術）（千葉大学）。主な著書に『アイヌの祭具イナウの研究』（北海道大学出版会）、共著に『ミンタㇻ1 アイヌ民族27の昔話』『ミンタㇻ2 アイヌ民族21の人物伝』（北海道新聞社）、『アイヌもやもや 見えない化されている「わたしたち」と、そこにふれてはいけない気がしてしまう「わたしたち」の。』（303BOOKS）などがある。

国立アイヌ民族博物館外観

木綿の衣服

展示風景（全体）

展示コーナー「私たちの歴史」

マキリ（小刀）

国立アイヌ民族博物館

こくりつあいぬみんぞくはくぶつかん

アイヌ文化の復興・創造等を目的として二〇二〇年七月に開業した国立博物館。「ウポポイ（民族共生象徴空間）」を構成する施設群の中軸を担っている。

二階が基本展示室と特別展示室となっており、基本展示室はアイヌ民族から見た6つのテーマ展示（「私たちのことば」「私たちの世界」「私たちのくらし」「私たちの歴史」「私たちのしごと」「私たちの交流」）が常設となっている。
一階には交流室やライブラリ、ミュージアムショップのほか、アイヌ文化を映像で紹介するシアターも用意されている。交流室では子ども向けのホリデーイベントといった催しも開催される。

［施設データ］

住所 北海道白老郡白老町若草町2丁目3-1

開館時間 9:00〜17:00
※時季により異なるため、詳細は公式HPをご確認ください

入館料（ウポポイ1日券） 大人（一般）1,200円、高校生600円、中学生以下無料

休館日 月曜日および12月29日〜1月3日
※月曜が祝日または休日の場合は翌日以降の平日に閉園
※そのほか特別な開館日、閉館日あり

アクセス JR白老駅（北口）から徒歩約10分

https://nam.go.jp/

※写真は（公財）アイヌ民族文化財団提供

第1章

ダイジェスト「アイヌの歴史」

北海道に人類が初めて上陸した3万年前から今日に至る、東北北部から北海道・樺太・千島列島すなわち歴史的なアイヌモシリの歴史を、アイヌ民族からの視点を想定して、通史的に概観する。

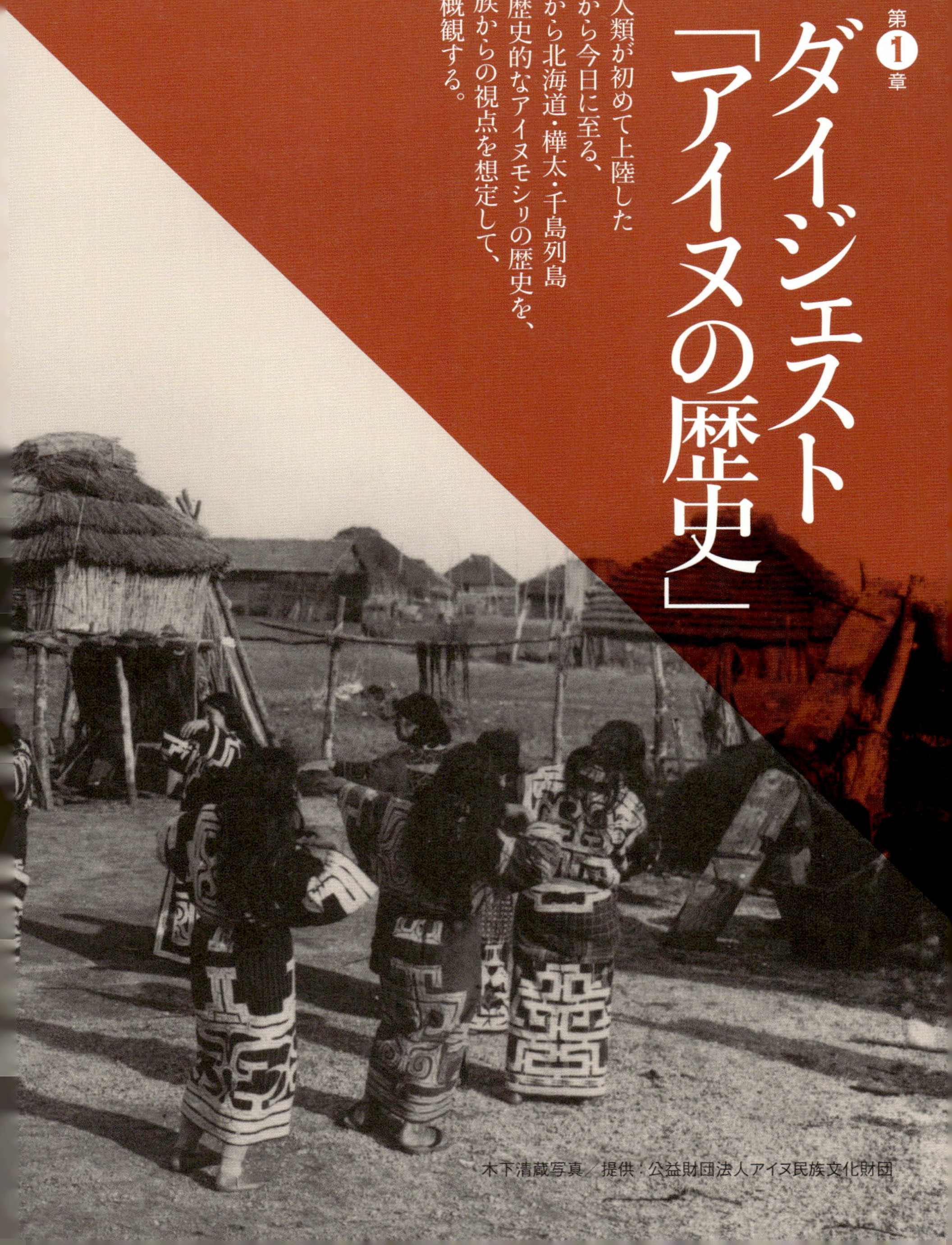

木下清蔵写真／提供：公益財団法人アイヌ民族文化財団

1

アイヌ散文説話に学ぶ

口承文学からのアイヌ史の構築

SAKATA MINAKO
坂田美奈子
帝京大学外国語学部国際日本学科教授

アイヌ口承文学は近現代アイヌが継承してきた、
近代以前のアイヌについての物語である。
近現代に記録された散文説話から
近代以前のアイヌ村落間や和人との関係などを
アイヌ文化的に解釈し直してみよう。

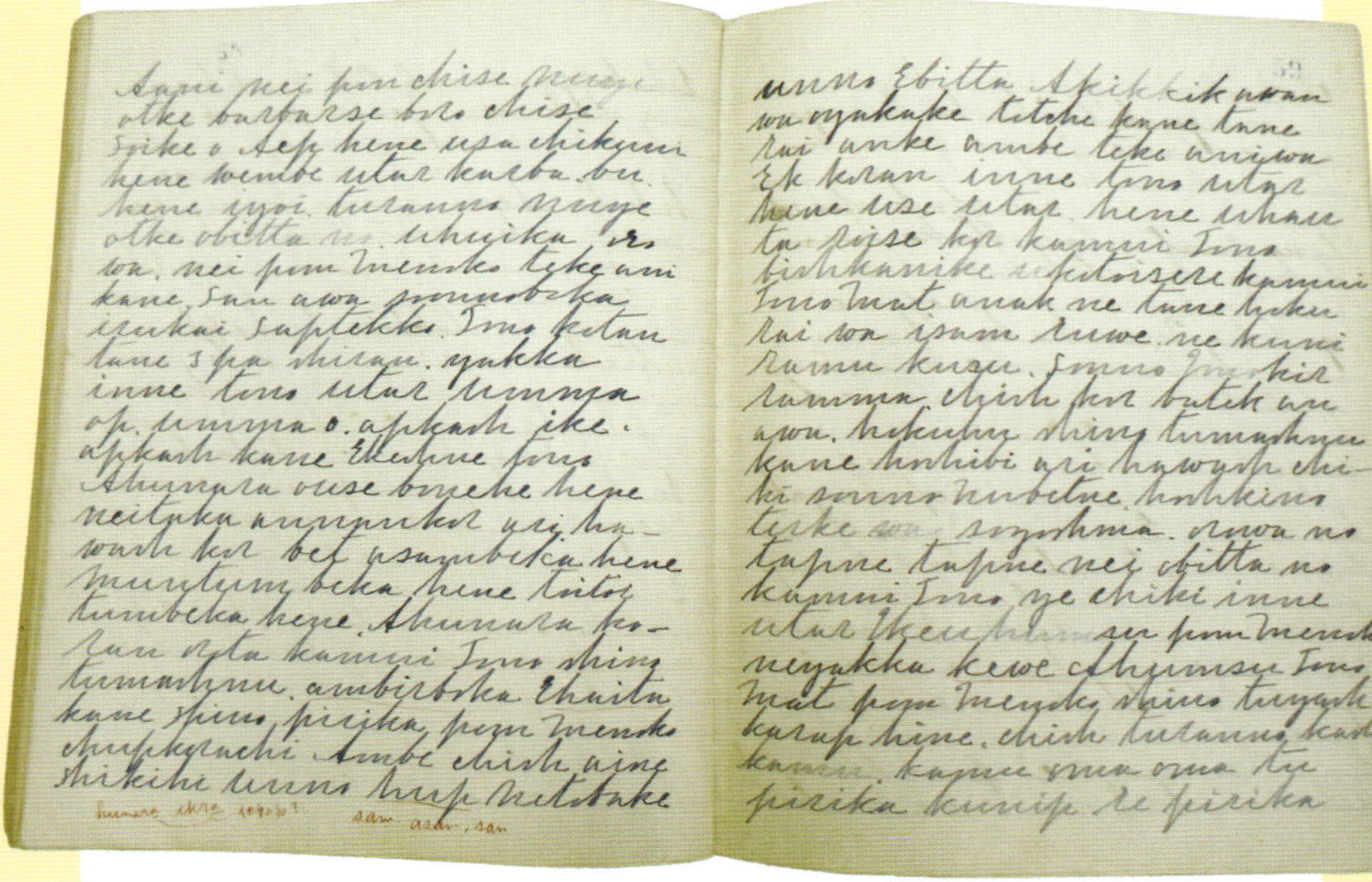

金成マツ（1875～1961年、登別市出身のアイヌ女性）によるアイヌ口承文学筆録ノートの一部（北海道立文学館蔵）

はじめに

ここではアイヌ口承文学におけるアイヌ社会のあり方、和人との関係、過去の語り方などについて解説する。アイヌ口承文学は現代的な意味での歴史や過去の記録ではないが、「かつてのアイヌの考え方・価値観・世界観」を知ることができる媒体である。それによって歴史上の出来事をアイヌ文化的に解釈し直すことができ、アイヌ側の文献史料の欠如を補うことのできる資料である。

アイヌ口承文学とは

アイヌ口承文学には英雄叙事詩、神謡、散文説話、歌謡など複数のジャンルがあり、それぞれ語り方や内容に特徴がある。現在伝わるアイヌ口承文学は近現代に記録されたものだが、物語の多くは近代以前のアイヌ社会を舞台としている。アイヌ口承文学は近現代アイヌが継承してきた、近代以前のアイヌについての物語なのである。とりわけアイヌ散文説話には、アイヌ村落間の関係や、和人との関係を多様な角度から語る物語が多い。

アイヌ村落間関係

アイヌ散文説話はアイヌの村々を舞台とし、近代以前のアイヌの日常生活、社会関係を前提としている。アイヌ社会の単位はコタン（村）で、コタンにはコタンコロクㇽ（村長、指導者）がいる。コタンコロクㇽ間の関係は対等であり、コタンコロクㇽたちを統率する恒常的な上位権力はない。物語にはイシカㇻ（石狩）、トカㇷ゚チ（十勝）、クスㇽ（釧路）、サㇻ（沙流）など具体的な地名も登場する。散文説話ではしばしば、異なる村落間、地域間でもめごとが発生したり、敵対関係が生じたりする。しかしながら、この敵対関係は必ずしも固定されたものではなく、ある物語では敵同士であった村が、別の物語では協力関係になっていることもある。アイヌ社会は自立的で対等な村落から成り、村落間の関係はその時どきの状況・条件によって決まる。

アイヌと和人の関係

アイヌ散文説話には和人も登場する。多くは交易相手の殿だが、船頭や漁場で働く和人が登場する物語もある。アイヌ散文説話が語る和人との関係は極めて多様である。交易関係や漁場での労働搾取、和人による暴力などを語る物語がある一方で、アイヌの村長と和人の殿の友情を語る物語、和人とアイヌが結婚して幸せに暮らす物語もある。語り方にこれだけの幅があるのは、アイヌと和人の関係がそれだけ近く、和人についての多様な知識がアイヌの「生活の知恵」として必要だったためだろう。和人には尊敬できる人物もいれば、油断ならない相手もいる。隣接異民族であるだけに、できる限り平和な関係を維持する必要がある一方、予測困難なトラブルに見舞われる可能性も高い。自然（神々）に関する知識とともに、和人についての知識もまた、アイヌが生きる上で必要な教養だったといえる。

アイヌ散文説話におけるアイヌ－和人関係の最大の特徴は、仮に和人とのトラブルが主題になっている物語であっても、必ずしも民族対立という構図で語られるわけではない、という点にある。アイヌの物語には一般に善いアイヌ、悪いアイヌ、善い和人、悪い和人が登場する。善いアイヌと悪い和人の間で事件が発生し、善いアイヌと善い和人が協力して事件を解決するという物語が多い。つまり問題は、アイヌと和人という民族間で発生しているのではなく、善人と悪人という道徳基準を異にするグループの間で起きている、と考えるのである。

三層のアイデンティティ

散文説話から読み取ることのできるアイヌのアイデンティティのあり方は、地域的アイデンティティ、民族的アイデンティティ、道徳的アイデンティティの三層になっている。アイヌ同士の関係においては、イシカラ・アイヌ、クスル・アイヌといった地域的アイデンティティが意識される。和人との関係では、アイヌと和人といった民族的アイデンティティが意識される。事件を解決したり難題を克服したりするときには、地域的・民族的属性は異なっても道徳的アイデンティティ（道徳的価値基準）を同じくする者たちが協力関係を築く。

村の再生の物語

アイヌ散文説話には滅びた村が唯一人の生き残りによって再生されるという型の物語が数多くある。村の滅亡の原因は伝染病や夜襲であることが多い。再生のあり方にはいくつかの変則的ヴァリエーションがある。別の村で成長しその村の村長になる話や、唯一の生き残りの娘が和人の村で和人と結婚し、その息子が帰還して村を再興するという話さえある。代々同じ場所で血筋を維持することが最も望ましいのだが、それが困難なときもある。滅亡・再生の物語は、そのような危機を乗り越えるための事例集といえる。唯一の生き残りが村を再生するためには、不可避的に他地域の人びとや、時には和人と婚姻関係を結ぶことになる。元の場所に村を再興することも、場所を変えることもある。これらの物語は、コミュニティの復興のあり方には複数の方法があるのだ、ということを伝えている。

伝承者たちが滅亡・再生の物語を数多く残した事実を、アイヌ口承文学が記録された近現代の時代背景に重ねて考えると、一層、物語の重みが増す。当時、アイヌは早晩滅びるだろうと予測されていたし、アイヌの歴史はアイヌの衰退史として記述されていた。アイヌの村は強制移住や入植者の増加によって消滅していった。アイヌが「滅びた」と認識されていた時代はそう遠い昔ではない。しかし、滅びで終わる語りはアイヌ的ではない。アイヌ口承文学は「滅び」から始まり再生で終わるのである。

以上のようなアイヌ口承文学的な考え方に基づけば、既存の歴史叙述にしばしば見られる民族主義的語り、民族対立的語り、衰退史的な語りはいずれもアイヌ口承文学的語りとは相容れない。アイヌ口承文学において、地域的・民族的アイデンティティは当然重要だが、道徳アイデンティティを同じくする他者との友好・協力関係も重視されており、危機を乗り越えるためには、このような他者との関係が不可欠となる。以上のような観点からアイヌの歴史を振り返ると、明治期以降、アイヌは「村の滅亡」を経験しつつも、新たな場所で道徳的アイデンティティを同じくする人々とともに「村の再生」を現在も行っていることに気づくのではないだろうか。

参照文献

坂田美奈子『アイヌ口承文学の認識論——歴史の方法としてのアイヌ散文説話』（御茶の水書房、二〇一一）。

坂田美奈子「アイヌ口承文学におけるウイマム概念」（『歴史学研究』九五八、二〇一七、一四-二六、四六頁）

坂田美奈子「『タンダンヤ-アデレード宣言』——アイヌ史が先住民史となるための処方箋」（『アイヌ・先住民研究』二、二〇二二、二二五-二三六頁）

坂田美奈子　さかた・みなこ

一九六九年札幌市生まれ。苫小牧駒澤大学、北洋大学を経て現在、帝京大学外国語学部国際日本学科教授。専門は先住民研究（アイヌ）、歴史学（北海道史）。博士（学術）（東京大学）。主な著書に『アイヌ口承文学の認識論（エピステモロジー）——歴史の方法としてのアイヌ散文説話』（御茶の水書房）、『先住民アイヌはどんな歴史を歩んできたか』（清水書院）、Possibilities of Reality, Variety of Versions: The Historical Consciousness of the Ainu Folk Tales (*Oral Tradition*, 26/1) などがある。

2
考古資料からのアイヌ史の構築

MARK HUDSON
マーク・ハドソン
マックス・プランク地球人類学研究所研究員

3万年前から人が住むようになった北海道では、
それ以降、何回かの人口移動（移住）が見られる。
人口移動を引き起こした押し出し、
引き寄せファクターは何だったのか？

美々8遺跡出土の木製遺物
（15〜18世紀。複製。国立アイヌ民族博物館、原資料は北海道立埋蔵文化財センター所蔵。撮影：佐々木史郎）

アイヌ民族史主要項目（考古学的な視点から）

約3万年前	人類が北海道に初めて上陸する。
約2.5万～1.5万年前	最終氷期の最寒冷期に海面が低下して、樺太から北海道、クナシリ島あたりまでが大陸とつながる。細石刃文化が北海道に導入される。
約1.4万年前	土器作り（縄文土器）が始まる。
約9千年前	縄文土器が北海道で普及する。北海道の西と東で違いが見られた。
紀元前10世紀頃	九州で稲作農耕が始まり、弥生文化が北上するが、北海道では稲作農耕は導入されず、縄文土器が作られ続けた。しかし、その後鉄と雑穀栽培が入る。
4世紀頃	樺太方面からオホーツク文化を持つ人々が北海道に南下する。海での漁や猟を中心とした生活をして、雑穀栽培とブタ飼育が付随し、クマを崇拝する信仰を持っていた。その後北海道のオホーツク海沿岸から千島列島に拡大する。
7世紀頃	擦文土器が登場する。鉄が普及して、石器が作られなくなり、石狩川流域では穀類の栽培も行われる。かまどを持つ竪穴住居が普及する。
9世紀末頃	擦文土器を作る人々が居住地域や活動地域を拡大させて、オホーツク文化を排除ないし同化し始める。道東では両者が融合したトビニタイ文化が形成される。
10～12世紀頃	擦文土器を伴う文化が北海道全域に拡大し、オホーツク文化を追いやりつつ、樺太にも拡大する。
12～13世紀頃	北海道で次第に土器作りと竪穴住居が見られなくなり、鉄鍋、平地式住居が主流となり、次第に近世のアイヌ文化に近い状況になっていく。ただし、樺太、千島方面では土器（特に内耳土器）、竪穴住居が使い続けられた。
13世紀頃	トビニタイ文化が擦文土器を持つ文化に同化される。その前後に千島列島のオホーツク文化も消滅する。
14～15世紀頃	オホーツク文化が消滅した千島列島にアイヌが進出する。
13～17世紀	アイヌの交易ディアスポラの時代。アイヌの活動領域が北海道から南は本州北部、北はサハリンからアムール川下流域、東は千島列島を越えてカムチャツカ半島南部まで拡大する。

人口移動を引き起こすファクター

北海道に人が住み続けるようになるのは遅くとも三万年前である。しかしこれは、ユーラシアの他の地域と比べると実に最近のことである。また、日本列島の他の地域と比べても若干遅い。最終氷期の最盛期の間、北海道はサハリン（樺太）、千島列島、そしてアジア大陸と陸橋でつながっていたが、本州とはつながっていなかった。北海道に人が移住したのが南の島々より若干遅れたのはそのためともいえるが、それを証明するにはさらなる調査研究が必要である。

日本の他の地域と同様に、北海道でも何回かの人口移動（あるいは移住）が見られた。例えば、縄文早期の石刃鏃文化はそのような移動の一つを反映しているかもしれない。しかし、新しい技術やタイプの製作物の普及が、新しい集団の移動を必ずしも意味するわけではない。古代DNAは人の動きの理解に役立つかもしれないが、人口移動を引き起こす押し出し、引き寄せファクターに関するもっと広い枠組みでの分析も必要である。

縄文文化期の生態環境

約一万四千年前から北海道は縄文文化圏に位置づけられるようになる。そのなかでも、北海道東部の縄文文化期の集落は西南部に比べると密度が薄い。それはその地域の生態環境のせいである。北海道の先史時代の長期的な特徴としては、海洋資源への高い依存率を上げることができる。それは安定同位体分析を含む最新の科学分析によって明らかにされている。紀元後一千年紀までには魚その他の海産物の本州方面への出荷が始まっていた。

日本の島々の住民が穀物栽培を採用したのは紀元前一〇〇〇年より後である。とはいえ、大豆や小豆などはすでに縄文文化の担い手たちによって栽培されてはいた。紀元後七世紀に、北東北にいた小さな農民のグループが中世温暖期の暖かい状況を活かして、北海道の石狩低地帯に移動した。札幌のサクシュコトニ川遺跡で、考古学者たちはある擦文文化の集落からキビ、アワ、オオムギ、コムギ、さらにイネさえも栽培していた痕跡を見いだした。四世紀ぐらいに樺太から北海道へ南下したオホーツク文化の遺跡でも、数は少ないが、オオムギとキビの栽培の痕跡が見られ、さらに家畜化されたブタも見つかっている。しかし、これらの小規模な農耕活動は北海道を大規模な農業社会へと変貌させることはなかった。狩猟と採集と漁撈が経済の主要部分を占め続けたのである。紀元後一千年紀の初期以降、これらの食料調達活動は長距離交易との結びつきを強め、江戸時代に至る以前にすでに北海道の産物、例えば昆布やナマコなどは中国にまで運ばれていた。

擦文文化期の居住形態

擦文文化期（紀元後七〇〇～一二〇〇年）は文化あるいは民族という用語で理解することが特に難しい時代である。そこには数多くの古代日本の文化要素、例えば土師器系土器やかまど、鉄器、紡錘車、「北海道式古墳」、さらには数種類の穀物栽培といったものが含まれる。その一方で同時に、擦文文化期の居住形態は多くのところで交易に出すためのサケの遡上地に接近するように変化する。擦文文化の担い手たちはその居住地域を広げていくが、それは人口規模の拡大によるものと考えられる。九世紀末から彼らは、オホーツク文化人を排除しつつ北海道の大部分の地域に集落を建設し始める。十二世紀前後に見られた、考古学者たちがいう「アイヌ文化期」*への移行にはさらに多くの日本からの影響が見られる。それは例えば家の建て方、暖房、調

厚岸湖湖畔出土のアイヌの板綴舟

（17世紀。厚岸町所蔵。国立アイヌ民族博物寄託。写真提供：国立アイヌ民族博物館）

理器具、さらには地元で作られる土器が鉄鍋に置き換わることなどに見られる。しかし、これらの物質的影響は全面的な「日本化」を表しているわけではない。アイヌ語は変わらず話し続けられ、それはさらに樺太や千島にまで広がっていく。

紀元後一千年紀以来北海道の先史時代を彩ってきた交易活動は、日本からもたらされる商品への需要、さらには中国がアムール川流域に国家支配を広げてからは中国の商品への需要の増大によって活性化される。当初は鉄がもっとも需要が高い商品だったが、時を経るにつれて、商品の多様性が広がった。イギリス人のジョン・サリスは十七世紀初頭の日本で、コメ、木綿、鉄、鉛が日本からアイヌへ売られていたといっている。その代価としてアイヌはサケや他の干した魚を取引していたが、それらは「日本人が銀よりも欲しがるものだった」という。

交易とオホーツク文化の形成

交易の持つポテンシャルは、考古学者たちがオホーツク文化と呼ぶものを形成した人々を引きつける要因の一つであった。最新の言語学的、考古学的研究によれば、オホーツク文化には「アムール語族」の人々が含まれていたという。このアムール語族の最後の生き残りがニヴフである。オホーツク文化人は四世紀頃サハリンから北海道に南下し始めた。彼らは移住してすぐに、すでに北海道にいた人々と競合関係になり、その結果、東のより遠い海岸地域に押し出されることになった。しかしそこは交易ネットワークへのアクセスの点で不利な地域だった。十世紀以降、擦文文化の担い手たちがサハリンに移住し始めると、オホーツク文化人は北海道から押し出される。しかし北海道の東部では二つの文化の人々の融和が起き、オホーツク・擦文両文化のハイブリッドであるいわゆるトビニタイ文化が現れた。アイヌはサハリンに進出してからオホーツク文化人の子孫であるニヴフや、彼らを支配下に収めようとするモンゴル帝国と武力紛争を起こす。十三〜十四世紀には四十年にわたってモンゴルの攻撃に抵抗し続けた。日本の中世に当たる時代のアイヌのサハリン、アムール川下流域、千島列島、そしてカムチャツカ南部への拡大は、中世ヨーロッパのヴァイキング・ディアスポラに匹敵するといえるだろう。

アイヌ社会で階層化が進まなかった難問

青銅器時代以後ユーラシア縁辺地域の社会の多くは沖積平野に築かれた国家と交易関係を結ぶようになるが、それにより人類学者たちがいう「首長制社会」に変化していったといわれる。近世初期のアイヌの首長たちはイコロすなわち「宝物」を、交易を通じて蓄え、それらが彼らにアイヌ社会における力を与えていた。しかし、彼らが階層社会へ移行するには限界があった。シャクシャイン戦争をはじめとする日本の支配に抵抗する戦いでは、地方の首長たちがその軍事的影響力を伸ばしたが、それは一時的な性格を持つものであった。ここに、なぜアイヌ社会がもっと階層的にならならなかったのかという非常に難しい疑問が生じる。それとは対照的に、琉球では中世の交易ディアスポラが王国の形成につながっていく。これに関して、我々はグレーバーとウェングロウが『万物の黎明』という最新の著書で提起した仮説を考慮しなければならないだろう。それは、人間というものは可能ならば社会の階層化を避けようとする、ということである。この見通しはアイヌの歴史が世界の先史時代の考察にとって特別な重要性を持つことを示唆している。

考古学的な記録の豊かさと複雑さ

十九世紀後半以降に日本の全面的な植民が始まる以前の時代に関して、北海道は考古学的な記録の豊かさと複雑さを誇っている。アイヌ研究にとって考古学は時に両刃の剣になる。一方ではそれは北海道とその周辺地域に暮らしてきたアイヌの長期的な歴史の組み立てに必要不可欠である。しかしそれと同時に、考古学資料から民族アイデンティティの確立を語るのは方法論的にきわめて難しい課題である。アイヌの民族形成は、日本と中国の青銅器時代以後の社会に対する抵抗と、同時平行的に進められたそれらの国家との緊密な交易関係とから生じたダイナミックな過程である。この過程にはある程度琉球との類似性が共有されているが、この二つの地域には歴史社会学者がいう「道徳経済（モラル・エコノミー）」における重要な違いも見られる。百五十年にわたる考古学的な研究にもかかわらず、我々には前植民地時代の北海道と、中世・近世の東アジアについて学ぶべきことがまだ残されているようである。

（訳：佐々木史郎）

＊訳者注釈：「アイヌ文化期」というのは考古学上の時代区分であって、十二、十三世紀に新たにアイヌ文化やアイヌ民族が成立したということを意味するわけではない。このアイヌ文化期の担い手は擦文文化の担い手の子孫である。

マーク・ハドソン まーく・はどそん

マックス・プランク地球人類学研究所研究員。PhD（オーストラリア国立大学）。西九州大学助教授、同教授、ふじのくに地球環境史ミュージアム教授を経て、二〇一八年より現職。考古学専攻。日本列島を中心に、ユーラシアの新石器時代から青銅器時代の考古学、考古言語学、古代グローバリゼーションなどのテーマを研究。著書に『Europe and the End of Medieval Japan』（Arc Humanities出版、二〇二四）（単著）、『Beyond Ainu Studies: Changing Academic and Public Perspectives』（アンエリス・ルワレン、マーク・ワトソンとの共著、ハワイ大学出版、二〇一四）などがある。Royal Historical Society（英国王室歴史学会）のFellow（会員）。

3 アイヌの大地に伸びる国家の手

文献史料からのアイヌ史の構築

SASAKI SHIROU
佐々木史郎
国立アイヌ民族博物館館長

アイヌの直接の祖先と考えられる人々が
各国の文献史料に登場するようになる1200年代から
1860年代までのアイヌが暮らしてきた地域の歴史の概略を紹介。
北東アジアでは、中国で元（モンゴルの王朝）、明、清（満洲の王朝）が
次々と交替しながらも、巨大な政治経済圏を形成。その周囲には
武家政権が続く日本と、尚氏の琉球、高麗、李朝と続く朝鮮半島が
位置し、アイヌの居住地域もその北東アジアの一角を構成していた。

元代の東征元帥府、明代のヌルゲン都司の跡とされるティール村（ロシア連邦ハバロフスク地方）。
13世紀末元軍はここに集結して樺太に遠征した（2001年8月筆者撮影）

アイヌの活動領域の拡大

今日のアイヌとのつながりが判然としないが、蝦夷は、すでに『日本書紀』以来の日本の文献、あるいは唐代の中国の記録などに登場する。しかし、そのつながりが明確にわかる集団が登場するようになるのは元の時代からである。元王朝の正史である『元史』に見られる一二六四年に当たる年の「征骨嵬」という記述がそれである。この「骨嵬」がアイヌを指すとされる（第2章2参照）。アイヌはその頃までには樺太（サハリン）に勢力を広げ、そこにいた

アイヌ民族史主要項目（13～19世紀）

1264	骨嵬（クギ、樺太アイヌ）が元軍と交戦。
1308	骨嵬が元との間で朝貢を条件に和睦。
1356	諏訪大明神絵詞成立（渡り党、唐子、日ノ本の蝦夷の３グループの記述）。
15世紀	明朝の樺太へのアムール進出と樺太アイヌの朝貢。アイヌの千島列島への進出とカムチャツカ半島への定着。
1457	渡島半島でコシャマインの戦（蠣崎氏＝松前氏の勃興）。
1551	アイヌと蠣崎氏が和睦して商船往来の条件を決める。
1603	江戸幕府（～1868）、1613年　ロマノフ朝（～1917）、1616年　清朝（～1912）の成立。
1604	松前慶広が徳川家康から黒印状を受ける（松前氏の蝦夷地交易独占）。
1643	ロシアコサックによるアムール侵略の開始。
1669	シャクシャインの戦。この前後に商取引がアイヌに不利になる。松前氏による「商場知行制」の定着。
1689	ロ清の間でネルチンスク条約締結（ロシアがアムールから離れる）。
1711	ロシアコサックによる千島列島への侵略の開始。
18世紀	清の樺太進出と樺太アイヌの朝貢。北海道における「商場知行制」から「場所請負制」への転換。本州からの和人商人の進出と対アイヌ搾取悪化。ロシア人による千島の海獣資源とアイヌに対する搾取の激化。
1771	ウルップ島でエトロフとラショワのアイヌがロシアと戦い、その船団を撃退する。
1789	クナシリ島と道東を舞台にしたクナシリ・メナシの戦い（場所請負制による搾取への抵抗）アイヌの最後の武装蜂起だったが、状況はその後さらに悪化。
1799	幕府が北海道南半分を直轄地化。
1803	エトロフのアイヌが幕府からウルップ島より北への渡航を禁じられる。
1804～1821	前期幕領時代（蝦夷地を幕府の直轄地として松前藩を東北に移封）
1822～1855	松前家が蝦夷地に復帰。場所請負制の浸透。
1855～1867	後期幕領時代（松前氏を松前周辺だけの領主にして蝦夷地を直轄にする）。
1855	日魯通好条約締結。エトロフ島とウルップ島の間の国境が画定され、樺太では国境が定められず。
1858・60	ロシアと清が愛琿条約と北京条約を締結し、アムール川より北とウスリー川より東の領土がロシアに割譲される。
1869	明治政府が蝦夷地を「北海道」と改名。
1875	樺太千島交換条約で樺太がロシア領、千島列島が日本領とされる（樺太アイヌが北海道へ、1884年千島アイヌがシコタン島へ強制移住される）。

ニヴフを圧迫した。元に服属したニヴフは助けを求め、それに応じて元が軍を派遣してアイヌを破った。この記述から十三世紀にはすでにアイヌが樺太にいたことがわかる。

　その後もアイヌと思われる集団は中国側、日本側双方の文献に登場する。中国では骨嵬のほか、「苦兀」、「苦夷」などと記され、日本では「蝦夷」と書いて「えぞ」と読ませた。アイヌの動向を記した史料は多くはないが、中国明代の『開原新志』、『遼東志』といった地方誌や日本側の『諏訪大明神絵詞』（一三五六年）などにはその生活や文化に関する記述が見られる。中国側は主に樺太アイヌ、日本側は渡島半島や北海道の日本海、太平洋の沿岸のアイヌの様子ではないかと考えられる。

　十四世紀から十六世紀までは日本も中国も中央政権の力が強くなかった。当時の室町幕府は弱体で、明も政治、軍事はさほど強くはなかった。しかし民間には活力があり、東アジアの経済は成長し、物流の規模は急速に拡大した。アイヌもその流れに乗って、北海道から北は樺太そして大陸へ、東は千島列島からカムチャツカ半島へとその居住域と活動域を広げた。そしてそこで得られる産物（サケ・昆布などの海産物、毛皮、猛禽類の尾羽）を使って本州や大陸側と交易することで鉄、布、漆器、穀類、ガラス玉などを仕入れ、その文化を大きく変えていった。この時代、アイヌは交易ディアスポラ（第1章2参照）の時代を迎え、最も活動的で、自由で、莫大な富を築いていた時代だったと想像される。

アイヌと国家

　しかし、一六〇〇年代に入ると状況は大きく変わる。一六〇三年に徳川家康が征夷大将軍に任じられ、江戸幕府（一六〇三〜一八六八）を開く。中国では一六一六年にアイシンギョロ・ヌルハチが大ハーンに就き、後の清王朝の基礎を作る。さらに遠く西のモスクワでは一六一三年にミハイル・ロマノフがモスクワ大公位に就き、後のロマノフ朝（一六一三―一九一七）ロシア帝国の基礎を作る。この三国は当時もうけが大きかったアイヌの居住地域の動植物資源をねらった。日本は海産物と毛皮、中国とロシアはクロテン、ラッコなどの高級毛皮である。ただし、当時はどの国もアイヌを介して資源を手に入れようとしていて、近代国家のように、大量の移民を送り込んで「開拓」しようとはしなかった。

　江戸幕府は渡島半島の一勢力に過ぎなかった蠣崎氏にアイヌとの交易の独占権を与え、蠣崎から改称した松前氏はそれをアイヌ支配の足がかりとした。北海道のアイヌは一六六九年に戦いを起こすも松前氏に敗れ、その支配が強化されていく。しかも、松前氏はアイヌとの接触を本州の商人に委託したために（場所請負制の導入）、アイヌは彼らの漁場での労働搾取（さくしゅ）にさらされた。しかし、ロシアの接近に脅威を感じた幕府は、二度にわたりアイヌの直接支配に乗り出す。

清は明が農民反乱によって滅亡したのに乗じて中国本土を征服し（一六四四年）、中華王朝となった。しかし、アムール川流域でシベリアを征服してきたロシアとぶつかる。ロシアと清はその領有を巡って衝突を繰り返すが、一六八九年に条約を結び、ロシアはアムールを離れた。清は樺太にまで手を伸ばし、樺太アイヌの一部はその支配下に入れられた。清の最盛期となった高宗乾隆帝（こうそうけんりゅうてい）（在位一七三六〜一七九五）の時代には体制は安定していたが、その後清の勢力は後退し、代わって日本の影響力が増大した。さらに一八五〇年代にはロシアが再び侵入してきて、アムール川流域の広大な領土を奪った結果、清の樺太での存在感は急速に薄れていく。

アムールで清に敗れたロシアはその矛先をカムチャツカに向けた。十八世紀には千島列島や北海道をうかがうようになり、千島アイヌはラッコを求めるロシアの暴力と搾取にさらされた。アイヌは反撃してロシアの船団を撃退することもあったが、その進出を止められなかった。さらに、江戸幕府がアイヌ支配に直接乗り出し、エトロフとウルップの間に境界を設け、千島列島沿いのアイヌの交易ルートを遮断した。それにより千島アイヌはよりロシアに依存せざるをえなくなる。

一八五〇年代にロシアは樺太にも侵入する。すでに清に対抗する力はなく、ロシアが領土交渉でせめぎ合った相手は江戸幕府だった。その中で樺太アイヌの動向が両国から重視された。しかし、一八六七年に幕府が崩壊し、ロシアでも改革が進み、近代国家となった明治日本とロシアが交渉するようになると事態は一変し、アイヌの立場は完全に無視された。近代国家どうしの国境交渉は地元住民に口をはさむ余地を与えなかった。一八七五年に日ロ間に条約が結ばれ、樺太をロシア領、千島を日本領とすることが決まった。その瞬間アイヌの大地は国家の都合で分割され、占領され、アイヌは自分たちの土地から切り離されてしまうのである。

参考文献

秋月俊幸『日露関係とサハリン島　幕末明治初年の領土問題』（筑摩書房、一九九四）
菊池俊彦・中村和之編『中世の北東アジアとアイヌ—奴児干永寧寺碑文とアイヌの北方世界』（高志書院、二〇〇八）
松浦茂『清朝のアムール政策と少数民族』（京都大学学術出版会、二〇〇六）

4 近現代史資料からのアイヌ史の構築

KITAHARA MOKOTTUNAS
北原モコットゥナシ
北海道大学アイヌ・先住民研究センター教授

近代以後、アイヌ民族がくらしてきた地域は、
日本とロシアの二国に分割領有された。
アイヌのあり方が根本的に変わった時代、
ロシアと日本のあり方も大きく変わったのだった。
現代に至るまでの状況をかけ足でたどってみよう。

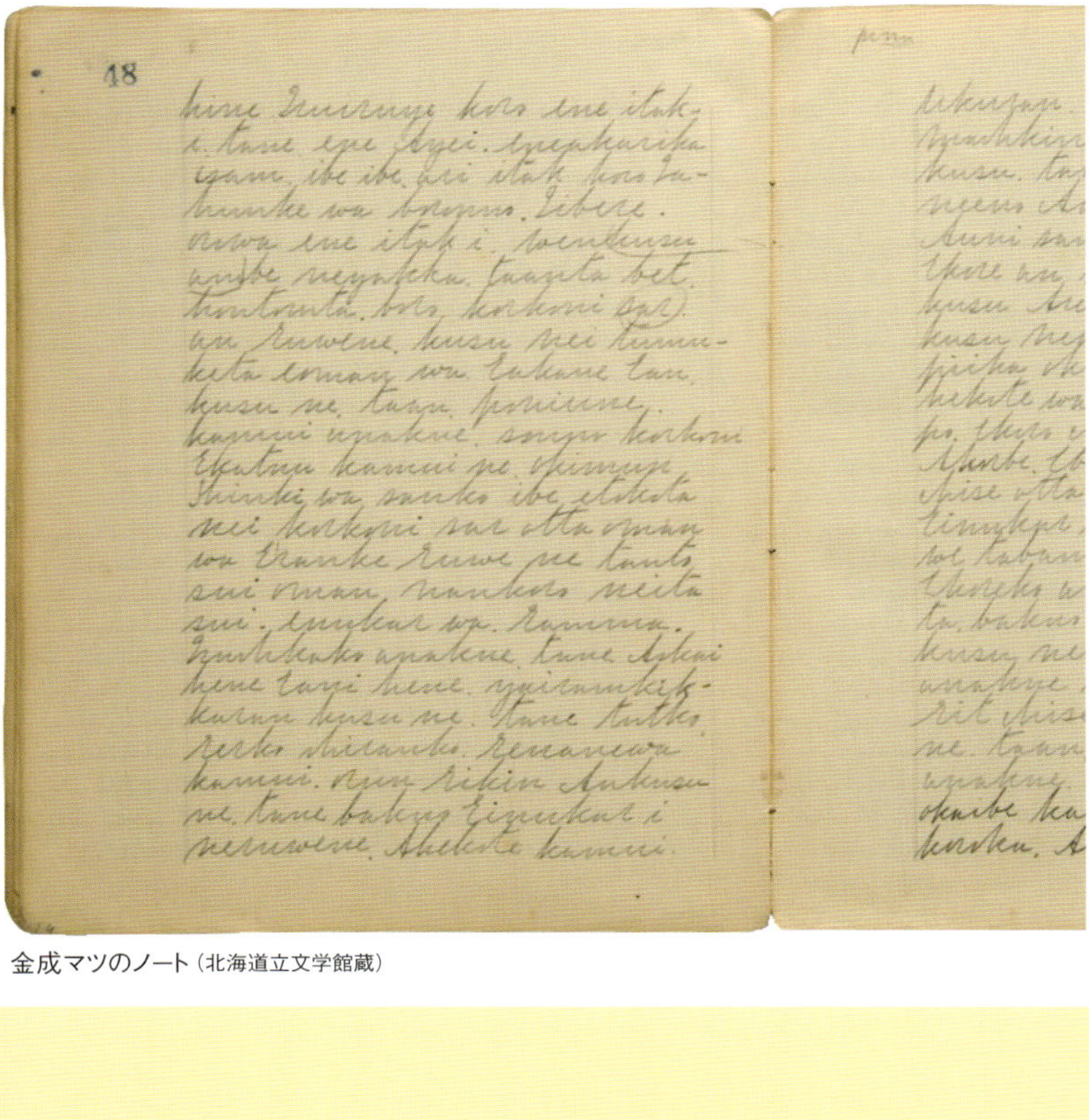

金成マツのノート（北海道立文学館蔵）

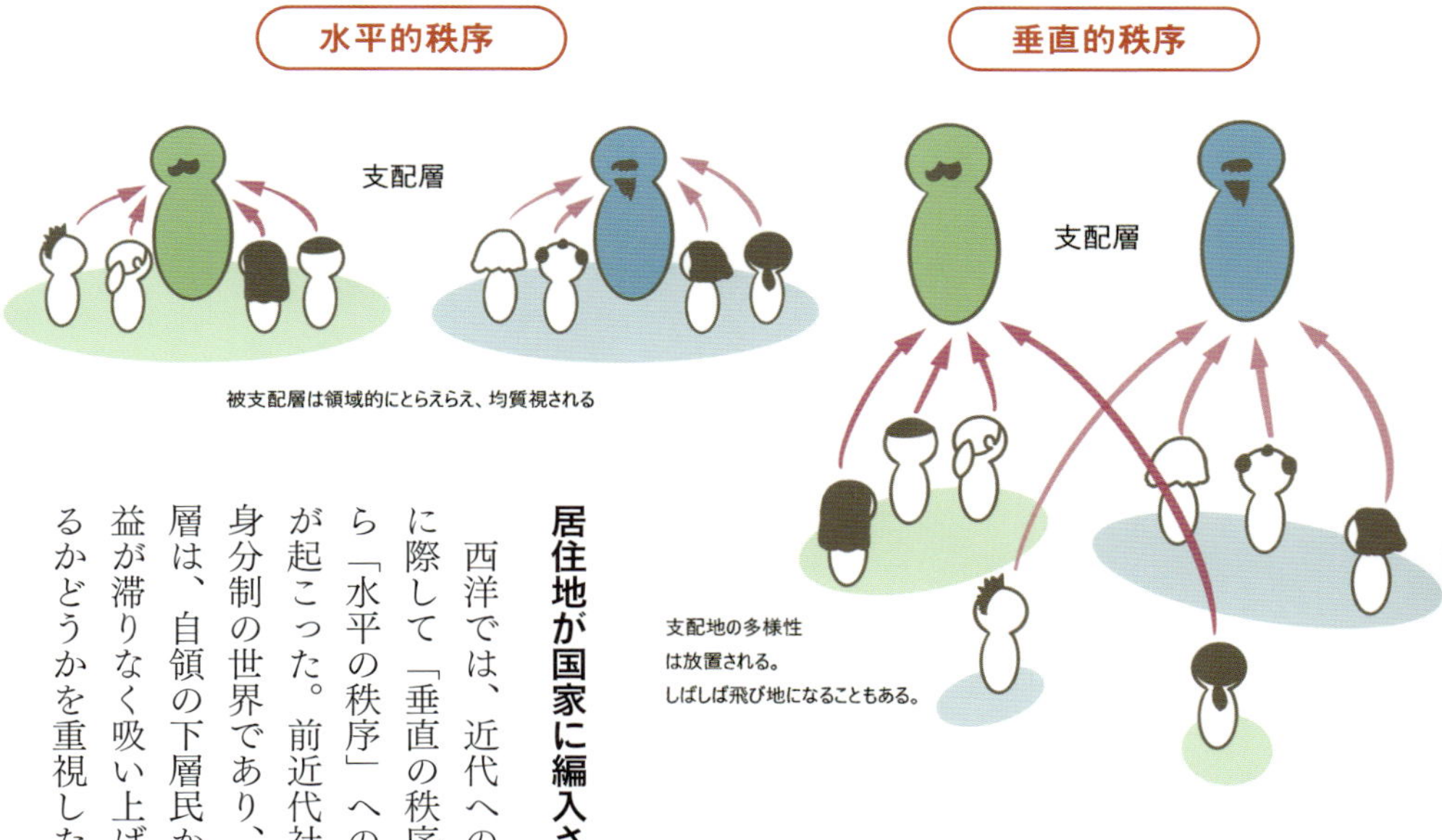
水平的秩序
垂直的秩序
支配層
支配層
被支配層は領域的にとらえらえ、均質視される
支配地の多様性
は放置される。
しばしば飛び地になることもある。

図1　垂直的秩序図と水平的秩序図
イラスト／堺 由香

居住地が国家に編入される

西洋では、近代への移行に際して「垂直の秩序」から「水平の秩序」への転換が起こった。前近代社会は身分制の世界であり、支配層は、自領の下層民から利益が滞りなく吸い上げられるかどうかを重視した。小熊英二によれば、彼らは、被支配層の人々がどこに住んでいるかとか、言葉や習慣はどのようなものであるかということにはそれほど頓着していなかったという（図1）。どのような者たちであれ、確実に税を収めれば問題なく、その結果として被支配層の多様性は統制を受けなかったのである。小熊は一例として、江戸時代の藩がモザイク状に点在していたことを示す（図2　まっぷるガイド編集部）。例えば、今の埼玉県域には、足利や高崎、前橋、鳥取など今日でいう他県の領地が含まれていた。垂直的な秩序は、必ずしも面的な支配ではないのである。

これに対し、近代国家は面的な領域の支配、つまり国境の画定を重視する。領域を区画して、その中の住民を「均質な人々」として扱う傾向があり、やがてその均質さが実体視されるようになったという。

ロシアと日本は、西欧の国々に比べ、少し遅れて近代国家を建設した。それまでの両国は、近隣領域の「人」を支配の対象としており、樺太（からふと）（サハリン）や北海道のアイヌは日露の領民ではなかったが（千島（ちしま）アイヌは十八世紀の段階でロシアから毛皮税を徴収されていた）、日露は互いに「アイヌを保護し、影響下に置いている」と主張していた（図3、図4）。幕末から続く国境画定の交渉の末、一八七五年（明治

1869年「版籍奉還」時にあった埼玉県域の県や藩

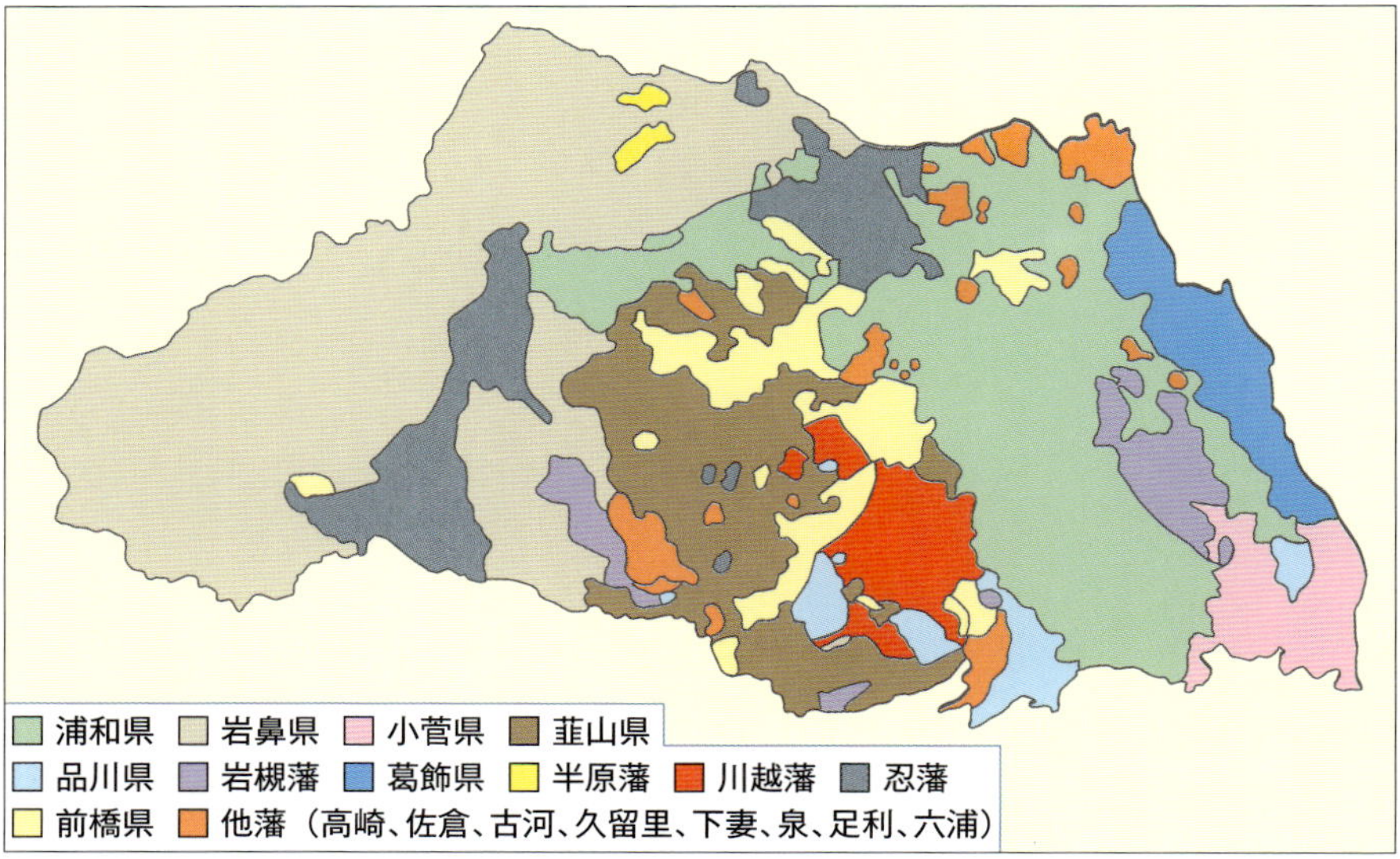

図2　埼玉県域の藩領（まっぷるガイド編集部作成の図を参照）

八）に千島樺太交換条約が成立し、千島列島は日本領、樺太はロシア領とされた。ここで、日本はロシア領となった樺太から、樺太アイヌ八四一名を札幌近郊まで強制的に移住させ、千島アイヌも色丹島に移住させている。こうした政策には、人を支配することを重視した名残があったのかもしれない。

「無主の地」

いずれにせよ、アイヌを含む環オホーツク海地域の先住民族は、これ以降国境によって分断され、自由な往来ができなくなった。当然ながら、これは先住民族自身が望んだ状況ではない。では、この人々の意思が無視されたのはなぜか。ひとつには、近代の国際社会は、国家にのみ主権があると考え、国家に属さない人々は、いずれかの国家に服属するいきものと見なされたことがある。また坂田美奈子によれば、近代以降の国際秩序において「効率的占有」という思想が形成された。土地を所有する権利は、その土地を「効率的」に利用した者に認めるという考え方である。それは、つまるところ農地化のことであり、狩猟漁労採集を生業とした先住民族は、その土地の所有者と見なされなかったのである。これは、国家や農耕文化を形成した人々による自文化中心主義に立った独断であり、国家を形成しない非農耕民の文化が尊重に値しないという（いまだにそう強く信じられているが）正当な理由があったわけではない。こうした不当な論理で先住民族の土地権や資源に対す

図3　『ミンタㇻ②　アイヌ民族21の人物伝』（北海道新聞社）より　イラスト／小笠原小夜

る権利、その他の自決権が否定され、その影響が今日まで解消されずに残っている。

　こうして、アイヌの居住地や資源は、日本では「内地」「本土」の和民族、ロシアではヨーロッパ系住民の便宜のために、再分配されることになった。日本もロシアも、アイヌの保護を謳って国家に統合したはずだが、実のところその先に待っていたのは、対等な立場や権利を保障する事ではなく、むしろ統合した国家によるそれらの侵害だった。「あなた達はわが国民であるけれども、本当の国民たる権利はない」とばかりに、国家への包摂と排除が同時に行われたのである。根本的な矛盾をはらむ政策だが、しかし植民地においては、どこでも共通にこうした不条理が横行した。

植民地法制

　明治になるまで、函館周辺を除く北海道、そして千島・樺太南部ではアイヌの慣習法が保たれていた。明治になると日本への編入にともなって慣習法は一方的に破棄され、植民地を管理・開発するために急ピッチで条令や規則、法律が敷かれた。北海道の政策史では「北海道旧土人保護法」という法律が特によく知られているが、近代以降のアイヌの運命を決定づけた政策の多くは、明治の初期に定められている。それは例えば、アイヌにも日本語の使用を

求める布達であり、明治五年（一八七二）から十二年にかけての土地に関する条例、そしてサケやシカの捕獲制限などである（第4章4も参照）。

このため、北海道や千島のアイヌは日本語を使うようになり、樺太にくらすアイヌは同様にロシア語を習得せざるを得なくなった。千島アイヌはそれまでにロシア語を身に付けていたので、アイヌ語の名前に加えてロシア語名を持っていたところに、新たに日本語名を名乗ることとなった（図4）。

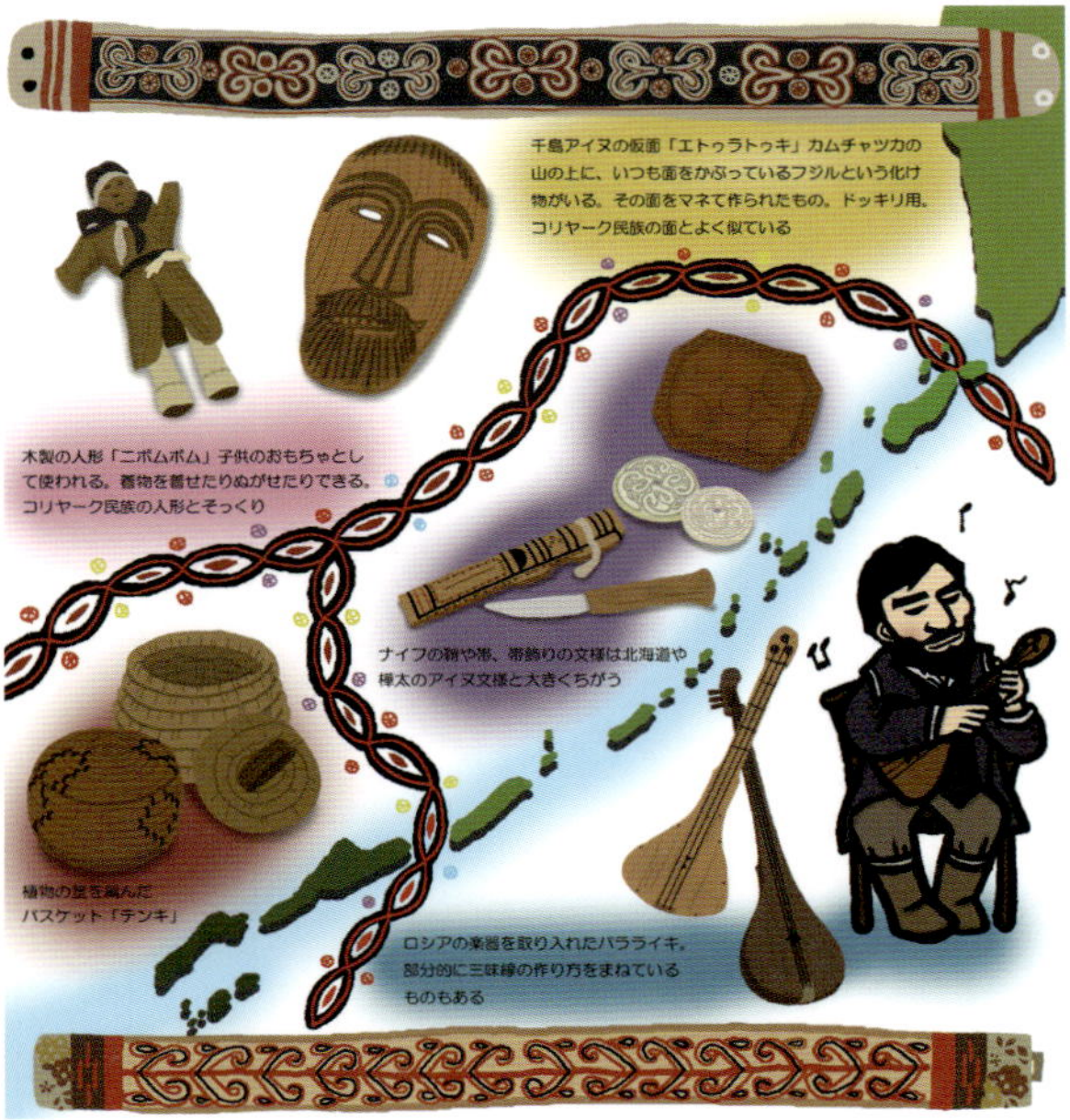

図4　『ミンタラ②　アイヌ民族21の人物伝』（北海道新聞社）より

イラスト／小笠原小夜

制度的格差

こうして、アイヌの言語権や土地・資源の所有・管理は「違法」として否定され、「内地」から押し寄せる移民によって、北海道の歴史上にない爆発的な人口の増加が起こった（図5　人口の推移）。それまでアイヌが住まい、生活の糧を得ていた土地は、こうした入植者に有利な形で分配された。アイヌの中には、土地を「取得」して農耕で身を立てようと考えた者もいたが、アイヌへの土地の配分は認められないケースもあった。それまでの生活を否定しただけでなく、新しい生活に適応しようとする者にも壁が設けられていた。

また日本語による学校教育が進められたが、和民族の児童とは別学で、就学期間が短く内容も農耕民化に向けた実習中心であった。このため、学校を出ても望む職に就くことが難しかった。教師などの職に就くと和人児童や家族から反発を受け、そもそも、金融など職種によってはアイヌを採用しない傾向もあった。

先住民族としてのアイヌ

こうした植民地主義やレイシズムによる排除と貧困・格差が人々を苦しめた。そして、植民地化の歴史を教育しないことで、こうした排除・格差が制度的に作られた経緯が忘れられた。今日のアイヌは、人口のほとんどが北海道以南にくらしている。かつての言語や信仰、生活習慣は、周囲からの差別につながることを恐れ、明治の段階で、子孫に伝えることを諦めざるをえなかった。アイヌとしてのアイデンティティを持っている者も、それを周囲に悟られないように過ごしている。一方で、北海道や移住先の関東・関西地方で、日本の単一民族神話に抗議し、アイデンティティを表明して個人や団体として権利と尊厳の回復を求める人々もいる。ロシア国内でも、樺太アイヌや北海道から移住し、ソビエト〜ロシア領内に住み続けているアイヌとその子孫が、民族としての認知と先住民族としての権利を主張している。人権に関する世界的な議論の進展や、海外の先住民族運動、先住民族を含む様々なマイノリティの当事者研究によって力を得ながら、多様な取り組みが進められている。

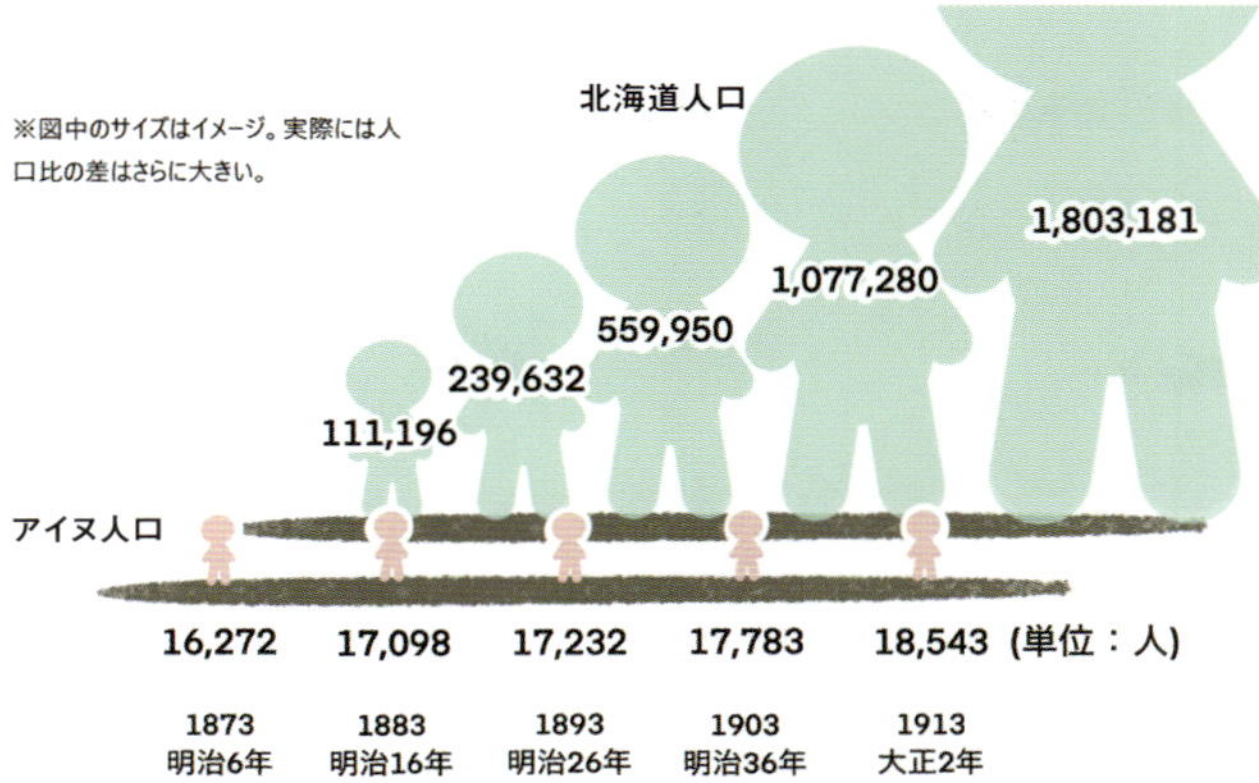

図５　近代以降の人口推移　　イラスト／堺 由香

参考文献

大坂拓　二〇二三「北海道地券発行条例によるアイヌ民族「住居ノ地所」の官有地第三種編入について―札幌県作成「官有地調」の検討を中心として」『北方人文研究』一六号、北海道大学大学院文学院北方研究教育センター

小熊英二　一九九五『単一民族神話の起源』新曜社

小熊英二　一九九八『〈日本人〉の境界　沖縄・アイヌ・台湾・朝鮮　植民地支配から復権運動まで』新曜社

坂田美奈子　二〇二二『先住民族アイヌはどんな歴史を歩んできたか（歴史総合パートナーズ⑤）』清水書院

佐々木史郎　一九九六『北方から来た交易民　絹と毛皮とサンタン人』日本放送出版協会

インタビュー
現在進行形のアイヌ文化

アイヌ語を通して文化を継承する

公益財団法人アイヌ民族文化財団
ウポポイ（民族共生象徴空間）運営本部
文化振興部伝承課主事
山丸ケニ
YAMAMARU KENI

囲炉裏を囲んでのアイヌの口承文芸実演

ウポポイ（民族共生象徴空間）は国立アイヌ民族博物館、国立民族共生公園、慰霊施設によって構成されていますが、私はその公園内で、体験プログラムなどの実演をしております。主に担当しているのは、アイヌ語に関わるプログラムの開発・実演です。それ以外にも、園内で扱うアイヌ語のチェック、職員へのアイヌ語指導、そしてウポポイが発信するメディアでのアイヌ語の表記・発音のチェックなども行っています。さらには、白老アイヌ協会の依頼を受け、地元の方向けに初級アイヌ語入門講座の講師なども務め、アイヌ語の指導者を育成する事業にも取り組んでおります。

小中学生のころは、「親と子のアイヌ語講座」に、親と弟と通っていましたが、習い事の感覚だったと思います。本格的にアイヌ語の勉強に取り組むようになったのは、「伝承者育成事業」という国の事業に参加してからです。関係者の間では「担い手育成事業」と呼ばれていますが、儀礼をはじめ、芸能や工芸、自然に関する知識など、さまざまなアイヌ文化を伝承し、普及していく人材の育成を目指

イラストを使って行われる
アイヌ語学習プログラムの様子

した学習カリキュラムです。アイヌの若者が三年間の専門教育を受けてアイヌ文化を学ぶという内容で、ウポポイの前身であるアイヌ民族博物館で行われていました。私は五人いた三期生のひとりとして参加し、初めて意識的に、そして本格的にアイヌ文化について考える機会をもちました。さまざまなアイヌ文化の実践に取り組んだのですが、その中でも、自分に向いていると感じ、もっとも楽しかったのが言葉の世界、つまりアイヌ語の勉強でした。育成事業を終えてウポポイに採用された後も自主的にアイヌ語の学習に取り組んでいたところ、アイヌ語講座の講師を依頼されたり、テキストを作るというお仕事をいただくようになりました。

アイヌに限らず。あらゆる文化はまず言葉によって表現され、認識されるのだと思います。道具も、それに名前をつけることで道具として誰もが認識するようになるわけです。アイヌ語は、話すにしろ聞くにしろ発音が難しいと言われます。でも、そのハードルの前で立ち止まってしまうのはもったいない。できれば楽しくアイヌ語を学び、その結果、アイヌ文化への理解が広がってゆくことを、私は願っています。

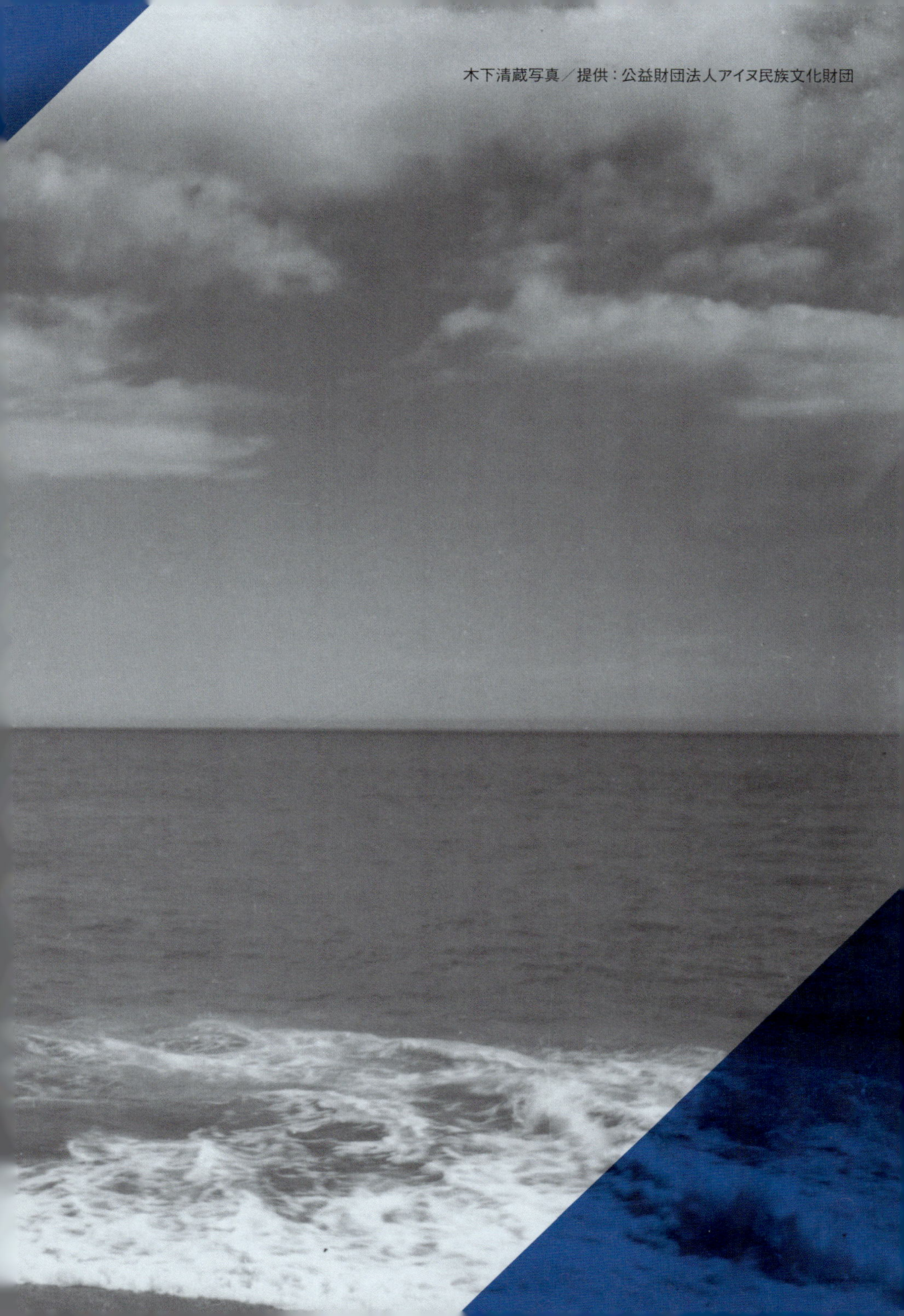
木下清蔵写真／提供：公益財団法人アイヌ民族文化財団

第2章 世界からみたアイヌ

グローバルな視点あるいは世界史大の視点から
アイヌ民族とアイヌ史をみると、
どのように描くことができるのかを紹介する。
日本国家、日本社会というコンテキストから
解き放たれた視点を重視する。
従来にないアイヌ民族、アイヌ文化像を描いてみたい。

ソロユニット、レキシの2ndアルバム『レキッ』(avex/cutting edge)。『狩りから稲作へ FEAT. 足軽先生・東インド貿易会社マン』を収録

1 グローバルな視点から見たアイヌ文化とは

北原モコットゥナシ
北海道大学アイヌ・先住民研究センター教授
KITAHARA MOKOTTUNAS

人間社会は単線的に進化するという
ヨーロッパを基準として異文化を
一方的に原始・未発達とみなす
文化と文明に対する思い込みを排し、
日本をはじめとした
周辺地域の諸文化との相違点、
類似点を挙げながら、
アイヌの視点から
アイヌ文化を考える。

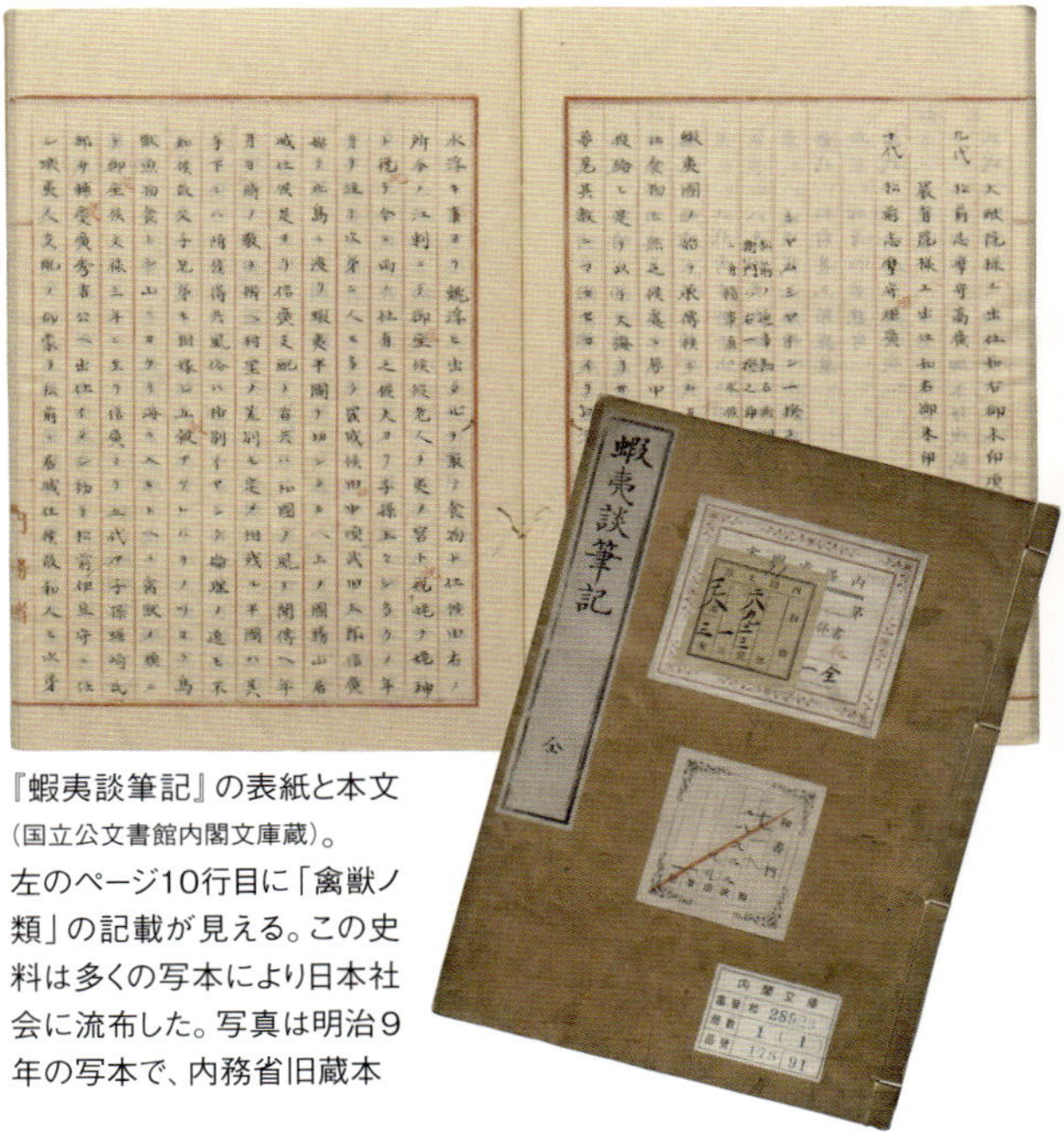

『蝦夷談筆記』の表紙と本文（国立公文書館内閣文庫蔵）。
左のページ10行目に「禽獣ノ類」の記載が見える。この史料は多くの写本により日本社会に流布した。写真は明治9年の写本で、内務省旧蔵本

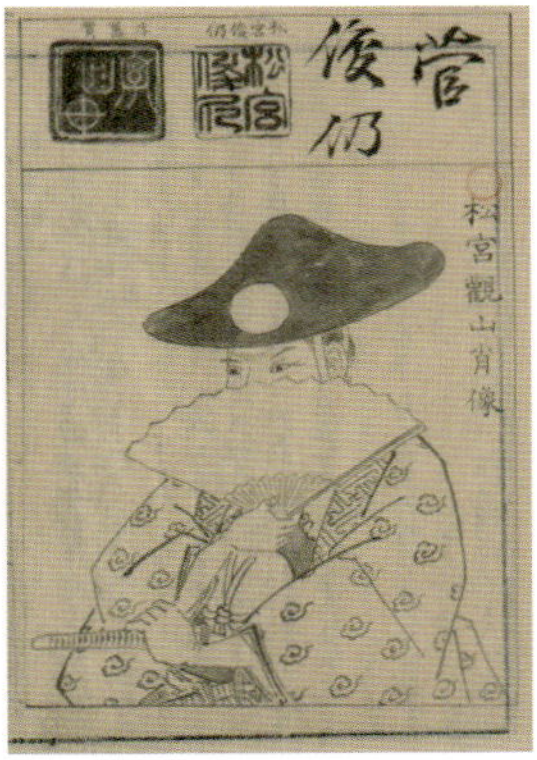

松宮観山（『先哲像伝』より。国立国会図書館蔵）。
松宮（1686–1780）は、江戸時代中期の儒学者・兵学者

はじめに

本論の前に、まずは、日本のミュージシャン・レキシの曲を。

「縄文土器　弥生土器　どっちが好き♪」

軽快な前奏に続くおどけた歌詞。オシャレかつコミカルさを身上とするスタイルは、この曲『狩りから稲作へFEAT.足軽先生・東インド貿易会社マン』でも発揮されている。作詞・作曲ともにそのセンスは称賛に値する。ただここではあえて、少し別の視点でこの楽曲について考えてみたい。

レキシの歌詞は、よく知られた歴史事象や認識を、少しずらした視点から歌いこむことで笑いを誘う。だから、作詞に当たってはまず、対象についての一般的な認識がよく踏まえられている。この曲では、縄文＝狩猟採集の生活が様々に言及され、それらが「野蛮さ」や「異質さ」ではなく、自由や楽しさと結び付けられている。狩猟採集を生きる者の目線から愛着とロマンを湛えて歌いつつ、しかしやがてその生活と訣別しなければならない運命が示され、悲哀が漂う。歌詞のフレーズを拾ってみよう。

「口笛　丘の上　道なき荒野　フリーウェイ
そう　行く末　承知の上　忍び寄る恐怖　冷えと飢え
♪」

日本音楽著作権協会（出）許諾第2407771-401号

交易でにぎわう松前を描く『松前屏風』（部分。松前町郷土資料館蔵）

「涙ぬぐって狩から稲作へ　君の未来は今日から稲作中心♪」

訣別の理由は何か。それは、大切な人ができたから。つまり、パートナーとの「安定」のために定住・農耕に移行せざるをえない、言ってみれば「いつまでもフラフラしてられない」ということだ。世間の狩猟採集のイメージとはこうしたものであろう。この根幹には、私たちが（アイヌでさえも）気づかずに刷り込まれている社会進化論がある。

ヨーロッパでは、アダム・ファーガソン『市民の社会史』（一七七六）などのように、人間の社会は狩猟→遊牧→定住農耕→産業という順で単線的に進化するという思想が展開した。これはヨーロッパを基準に、異文化を一方的に原始・未発達と見なすもので、植民地主義やレイシズムにもつながる。しかし、社会の「発展」段階が進むたびに人々の栄養状態は改善され、余暇は増え、文明は飛躍してきた、とする信念が確かに私たちの内にある。だから、次の「発展」段階に向かうことは絶対的な選択肢であり、移行は決定的なもので、逆行はあり得ないと考える。日本でも、松宮観山（まつみやかんざん）『蝦夷談筆記（えぞだんひっき）』（一七一〇）などに、五穀を生産しないことなどをもって、アイヌを「禽獣（きんじゅう）の類」とした記述が見える。ここから、アイヌの暮らしは、いずれは開かれ改善されるべきものと見られてきた。

進歩と文明の催眠術

J・C・スコット（政治学）は、こうした進歩と文明の物語がただの思い込みであるという。え、どういうことですか。

近代の西欧が想像した狩猟採集は、不合理でリスクに満ちたものとされた。ところが、アフリカや南米の狩猟採集民社会で現地調査が行われるようになると、人々は数時間程度の労働と、それよりはるかに長い余暇の日々を過ごしていることが知られるようになった。また、私たちは農耕・定住がただちに階層化と国家形成につながると考える。しかしスコットは、初期の国家が誕生したのは、動植物の家畜化や作物化、定住がはじまってから四〇〇〇年も後のことだと指摘する。大型狩猟獣や水産資源、野生の植物など豊かな資源がある土地では、農耕を伴わずに五〇〇〇人を超える町が作られた例もある。

一方、初期の農耕は長時間の重労働を要し、限られた品種を大量に育てるために天候や病気などの影響が大きく、それらの作物は必須栄養素を欠くことから健康状態も悪化するという。コストとリスクの高さから、狩猟採集民が自発的に農耕化する理由は皆無だった。そこで、初期国家は、労働力を確保するために人々を拘束し隷属させるようになった。多くの国家が、穀物（ムギ、イネ）生産を社会の基盤とすることを、私たちは穀物の卓越性によるものと感じてきた。この点についてもスコットは違った見解を示す。

イモ類は地中に放置し、必要なときに掘り出して利用できる。トウモロコシも収穫せずにおくことができ、豆類は継続して実をつける。これらのメリットが、徴税官にとってはデメリットとなる。徴税官にとっては、穀物のように単純な景観で作付け量と収穫量＝税率を一見して予測でき、収穫時期＝徴税時期が限られている方が搾取がしやすいというのだ。しかも穀物は、保管や運搬にも適している。穀物は人々を祝福する作物ではなく、支配層のエリートを富ませるのに最適だということだ。だそうですよ松宮さん。

こうして人口が集中すると、その人々を養うために、ますます労働集約的な農耕化が進む。不可逆的に人と動物（家畜）の集中が起きた結果、寄生虫や、それまでなかった人獣共有の感染症が増えた。「農耕は良いことづくめ」と教えられてきたが、農耕のみに特化することには、メリットと相応のリスクもある。農耕は狩猟や漁労（ぎょろう）、採集、牧畜などとともに複数ある選択肢の一つであって、状況に応じて農耕から狩猟採集への転換もありえるし、複数の生業に依拠することも常に見られた。北海道アイヌも狩猟採集に加えて農耕を行ってきたし、ほかならぬ日本においても、漁労や狩猟、採集は当たり前に見られる。日本では生産力をコメに換算する習慣が作られてきたが、松前藩のようにもっぱら交易や漁業生産から収入を得る例もあった。

創られた差異

　ちょっと不思議な話だが、日本におけるアイヌ文化の探求は、和民族の自己イメージとも結びついてきた。北海道で展開した植民地主義は、アイヌ文化と日本文化を本質的に異なるものとし、日本文化の優越性は問うまでもないものとしてきた。「農耕を知らない」アイヌは日本の過去の姿であり、かつての日本が「涙ぬぐって狩から稲作へ」移行したように、日本が主導する「開拓」やアイヌ民族の同化は自然で避けがたいものとされた。しかし、スコットの議論を見れば「開拓」史観は結論ありきの言説で、事実が置き去りにされている。それを支えた社会進化論や人種主義は、二十世紀のうちに「似非科学」と断じられたが、日本ではいまだに支配的な認識である。日常に浸透した植民地主義を脱するには、あらゆる文化が等しい価値を持つと認める必要があるが、生産性や成長・拡大を至上の価値とする現代日本に適応してしまった人には、にわかには受け入れがたいことかもしれない。

　では次善の策として、アイヌと日本の差異を問い直してみてはどうか。他者との平等を欺瞞と感じる人も、同じ内容を持つ文化に優劣をつけることはおかしいと思えるだろう。

　ここでは岩手県遠野の文化を例にとる。柳田國男は『遠野物語』に書いた遠野の伝承を、平地の文化とは対照的なものと位置付けて示した。それは正しいのか。実をいうと、同書や後に刊行された『遠野物語拾遺』に見える習慣や物語には、平地民やアイヌの文化、さらにはアジアの諸文化とも共通したものが数多くある。ここでは『遠野物語拾遺』から、興味深い習慣と物語を一例ずつ紹介しよう。

　事例の二七二に、強風の時、遠野では竿の先にひょうたんと鎌を結びつけて高く立てたことが書かれている。事例二一では、金沢村に昔大きな栃の木があった話。漁民が船材として伐りにかかったが、いくら切っても切屑が戻って切り口がふさがり、伐ることができずにいた。そこに旅の「乞食」が「焼き伐り」にすれば難無く伐り倒せるものだと教え、その通りにすると伐ることができたと伝える。

柳田國男（『現代日本の百人』〈文藝春秋社、1953年〉より。国立国会図書館蔵）

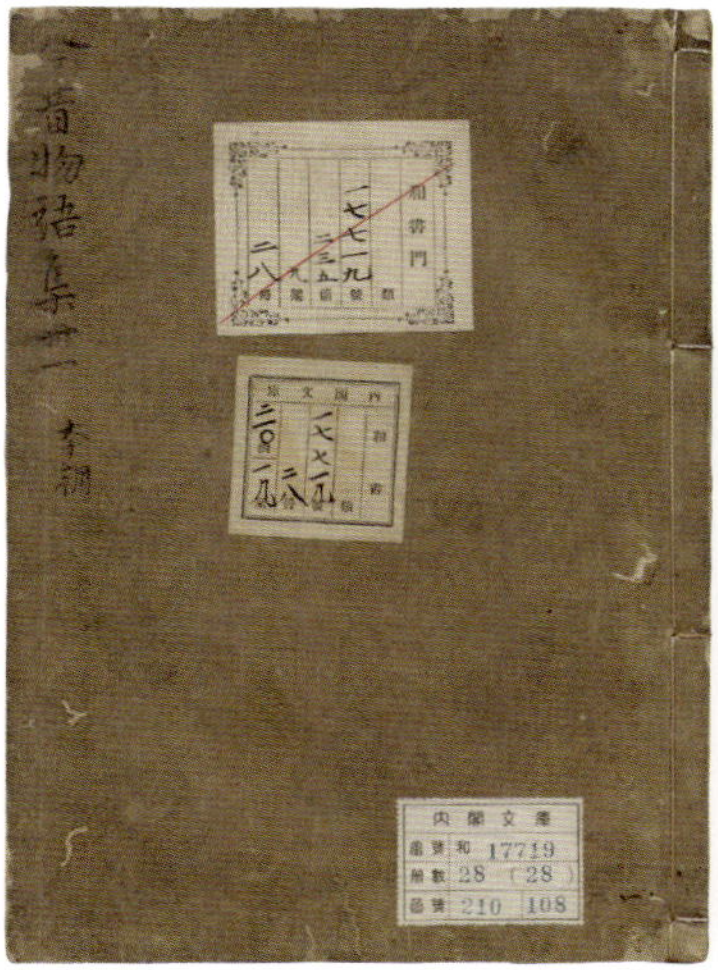

『今昔物語集』巻三十一表紙(国立公文書館内閣文庫蔵)。近江国栗太郡の大柞(コナラ)を伐る話を載せる(第37)

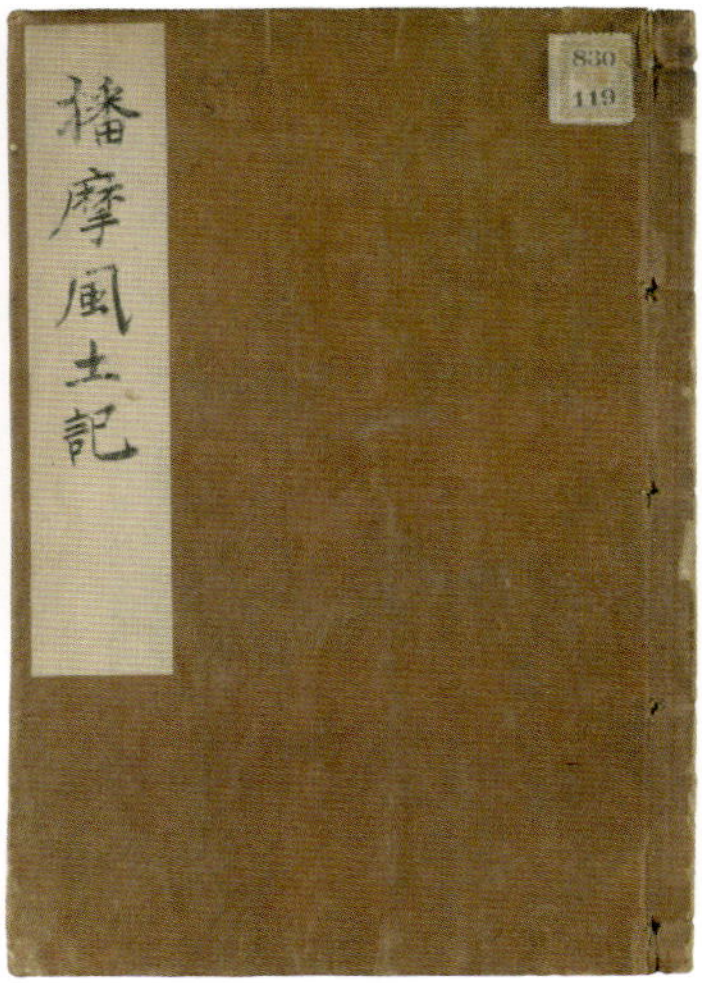

『播磨国風土記』表紙(国立国会図書館蔵)。逸文には大楠を伐ってつくった船の話がある

風を鎮めるために鎌を立てるまじないは北海道弟子屈町のアイヌ文化にもある。さらに、福島県では二百十日(九月一日ころ)に風鎮めのため鎌を結んだ棹を立てる。同様に、富山県や石川県、関東や四国など各地でも風鎮めに鎌が用いられる。巨木の伝承は北海道各地のアイヌの間で語られるほか『播磨国風土記』や『今昔物語集』、中国の『捜神記』にも類話がある。

こうした例から見ても、遠野の伝承を平地vs.山地(+アイヌ)という枠組みで理解することや、アイヌやアジアの諸地域と日本の文化に境界線を引き、序列化することは適切ではない。紙幅の都合で多くの例は挙げられないが、日中韓の建国神話・処女母神説話とアイヌの文化英雄の出生譚、あるいはアイヌと日本を含むユーラシア周辺地域に見られる祭祀具など、はたまた日常の道具やしぐさなど、文学や生活史の様々な面で、アイヌ・日本をより広い文化圏の中に位置付けて理解すべき示す例は多い。

アイヌ文化を眺めれば、日本が自己に対して抱く独自性や優越性のイメージを、資料によって裏付けることはできないことがわかる。それに気づけば、発展物語の催眠から醒めることもできるのだ。

参考文献

北原モコットゥナシ「アイヌ文化と遠野物語」『遠野物語を読む　現代思想　7月臨時増刊号』二九〇-三〇二、青土社、二〇二二年、pp.290-302.

ジェームズ・C・スコット　二〇一九『反穀物の人類史　国家誕生のディープヒストリー』みすず書房

スチュアート　ヘンリ　二〇〇六「1 文化（社会）進化論」『文化人類学20の理論』弘文堂

図1　間宮林蔵『東韃地方紀行』巻中「進貢」（国立公文書館蔵）。
「デレンの満洲仮府における朝貢の様子」

2 中国史でアイヌはどう語られてきたのか

中村和之
函館大学商学部教授
NAKAMURA KAZUYUKI

中国史料にアイヌがはっきりと登場するのは、遣唐使がエミシを唐に連れて行った時のことである。

その後、モンゴル帝国がアムール川下流域・サハリン島（樺太（からふと））に進出して以降、北東アジア経由で得られた情報が記録された。

現在、中国や台湾ではサハリン島のことを庫頁島（クイエタオ）というが、これはアイヌの島という意味で、モンゴル時代以来の名残である。

中国史料のなかのアイヌ

中国史料でアイヌがどう語られてきたのか。これは大きく二つの時代に分けて語ることができる。一つは唐までの時代であり、もう一つは元・明・清の時代である。中国で記録に残る以上、アイヌに関するなにがしかの情報が入ってきて、それが文字に書き取られるという事情があったはずである。

唐の時代は、遣唐使が蝦夷を日本から唐まで連れて行ったことによって情報がもたらされた。唐の正史である『新唐書』日本伝に、蝦夷が数十歩離れた的に矢を放ち外さなかったと記されている。エミシをアイヌの祖先と言い切れるかについては検討の必要があるが、これはいわば南回りで情報が入ったといえる。なお正史とは、司馬遷の『史

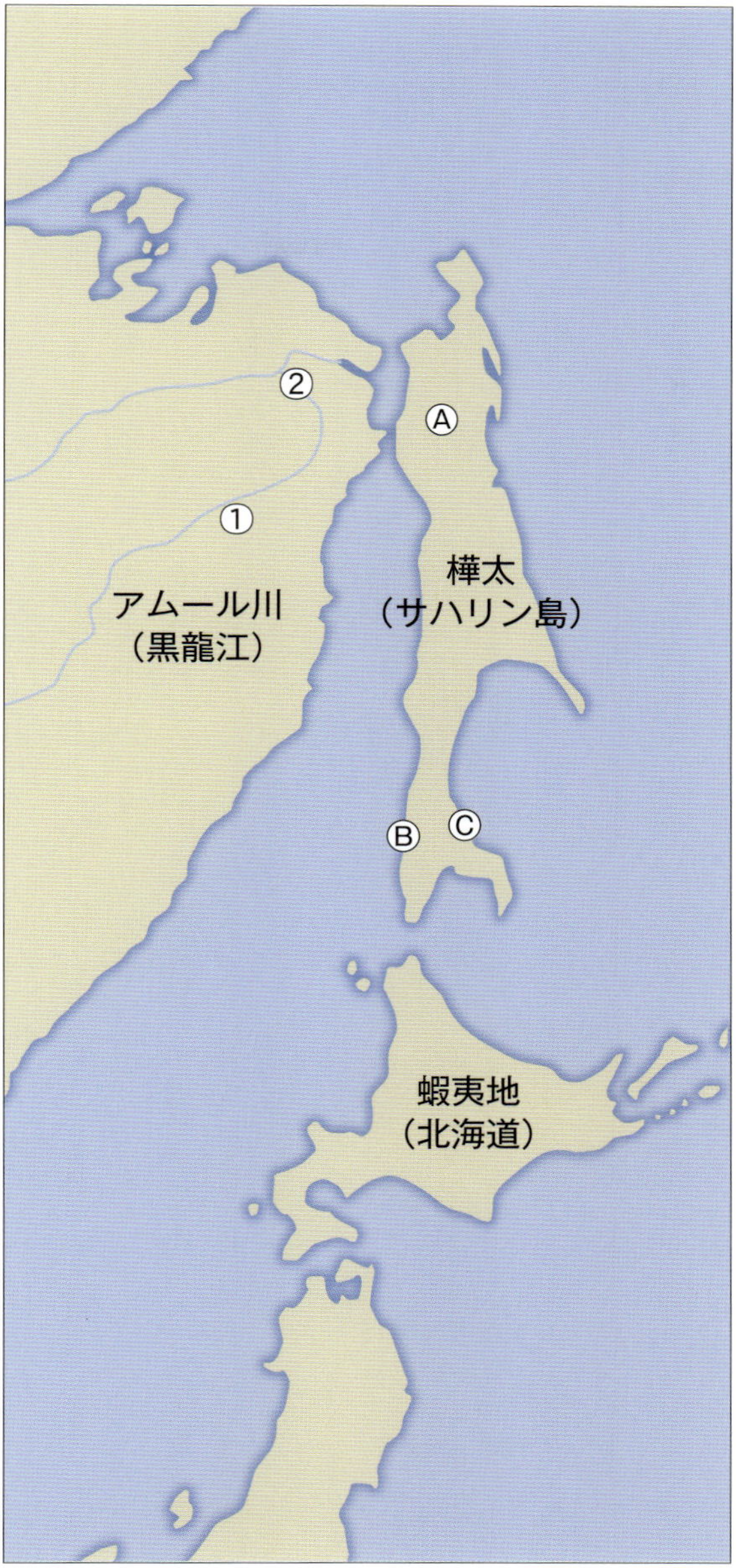

アムール川下流域とサハリン島
①デレン（Deren）　②ティル（Try）
Ⓐ吉里迷・吉烈迷（ニヴフ）　Ⓑ骨嵬（アイヌ）　Ⓒ亦里于

記』から『明史』までの歴史書で、前の王朝の歴史書をつぎの王朝が編纂することが多い。全部で二十四種あるので二十四史ともいわれる。あとで取りあげる『元史』も正史のひとつである。

モンゴル帝国・元代の漢語史料のなかのアイヌ

モンゴル時代以降は北回り、つまり北東アジア経由で情報が入った。モンゴル帝国・元は、十三世紀のクビライ・カアン（元の世祖皇帝）の時代にアムール川下流域・サハリン島に勢力を伸ばした。一方アイヌは十一世紀の擦文文化の時代に、北海道からサハリン島（樺太）の南西部に移住を始めていた。モンゴル軍がサハリン島に進出した結果、アイヌとの間に何らかの紛争が起きたのであろう。『元史』には、一二六四年から一二八六年まで、モンゴル軍が骨嵬を攻撃した記述が九件見える。骨嵬とはアイヌのことであり、オルチャ語などのツングース諸語や、古アジア語系のニヴフ語などでアイヌを意味するkuyi～kuyi～kuiを漢字の音で宛てたものである。一二六四年、モンゴル軍は吉里迷から、骨嵬と亦里于が境界を侵すという訴えを受けて、骨嵬を征伐した。吉里迷とは吉烈迷などとも書くが、ツングース諸語でニヴフを意味するgillemiを漢字の音で宛てたものである。亦里于はここにしか記述がなく、詳しくはわからないが、骨嵬と共に吉里迷の領域に侵入していることから、筆者はアイヌの先祖の一集団だったのではないかと考えている。

『元史』を補う史料としては『国朝文類（元文類）』がある。この本は、『経世大典』という元代の政治制度をまとめた本を部分的に引用している。『経世大典』は現在では散佚しているが、明代の初期に『元史』を編纂するに際して参照された。『元史』と『国朝文類』に同じような記述があるのは、そのためである。

さて『国朝文類』では、骨嵬と吉烈迷の名前が漢字の音で宛て字されて残っているが、骨嵬の名前には～aynuというアイヌの男性の名前の語尾の形を想起させるものがある。一方で吉烈迷は、百戸や千戸といった十進法に基づくモンゴル軍の軍制による位を受けている。骨嵬に位を持つ者がいないことを考えると、骨嵬はモンゴル帝国・元の支配下にはなく、これと敵対する関係だったのだと思われる。

以上の理解に、戚輔之『遼東志略』などの史料を考えあわせると、この当時の元の地理認識は以下のようなものであったろう。アムール川下流域に元が置いた東征元帥府（現在はティル村と呼ばれる場所にあった）から見ると、海を渡ったところ、つまりサハリン島の北にはニヴフなどが居住し、その向こう側、つまりサハリン島の南にはアイヌと亦里于が住んでいた。ニヴフは元の支配下にあったが、アイヌは元に従っていなかった。ただしこのような史料もある。十四世紀の北京の地誌である熊夢祥『析津志』には、アイヌと野人がサハリン島で小屋を建てており、そこにアイヌがオコジョの毛皮を、松花江流域からアムール川中下流域にいたツングース系の「野人」が中国の物資を持ってきて交易している。その際、両者は接触しない。つまり沈黙交易という形を取っていると記されている。元軍はアイヌを攻撃する一方で、直接は接触しない形での交易を認めていた。

あるいは元側には、交易を通じてアイヌを支配下に入れようとするもくろみがあったのかもしれない。ただその後の経緯は不明である。モンゴル帝国・元代のアイヌについての史料は、大部分は公文書で地方志が僅かという状態である。

明代の漢語・モンゴル語・女真語史料のなかのアイヌ

明は第三代の永楽帝のときに、宦官のイシハをアムール川下流域に派遣した。そしてティル村にヌルゲン／ヌルガン都司を建て、永寧寺を併設した。永寧寺の前には、二つの石碑を立てた。一四一三年の「勅修奴児干永寧寺記」の碑文は漢語（中国語）・女真語・モンゴル語の対訳であり、一四三三年の「重建永寧寺記」は漢語のみである。二つの石碑には苦夷（モンゴル語ではküü-gi、女真語ではku-gi）に衣服や器具などを与えたこと、何重にも通訳を挟まなければ意思の疎通が難しいこ

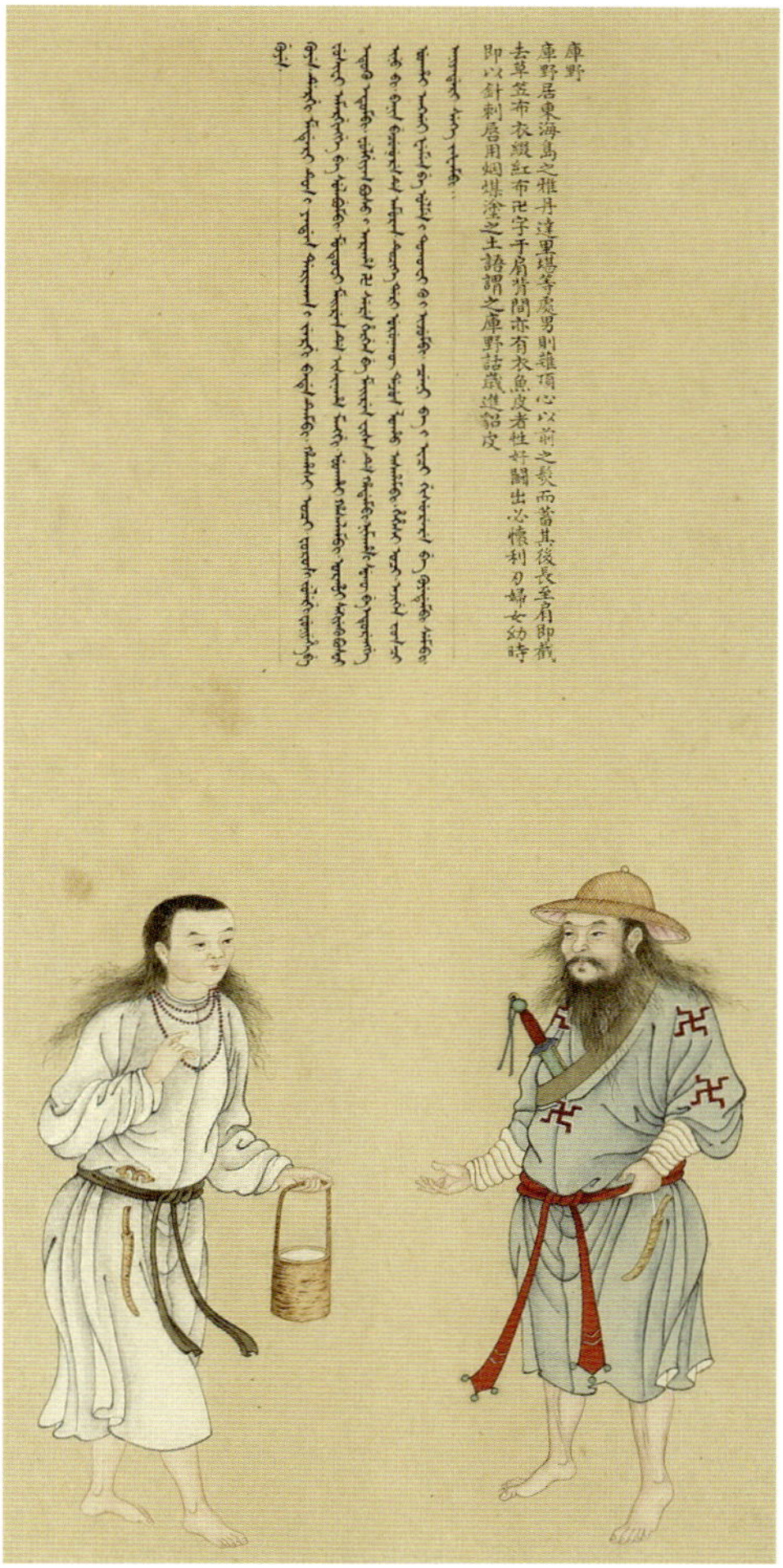

図２　謝遂『職貢図』巻二「庫野／Kuye」（国立故宮博物院蔵）。上の文章の右側は漢語、左側は満洲語である

図3　男性用の夏の帽子（イナウカサ）
（ベルリン国立民族学博物館蔵／Staatliche Museen zu Berlin, Ethnologisches Museum）

となどが刻まれている。苦夷あるいは苦兀は、明代の漢語史料におけるアイヌの表記である。

明はアムール川下流域にヌルゲン都司を、サハリン島を含む地域に衛所を置き支配を拡大した。明代の『開元新志』と『遼東志』という二つの地方志には、当時のアイヌの姿が記されている。『開元新志』は編纂時期がはっきりしない上に、現在では散逸しており、『大明一統志』という本に引用された部分だけが残っている。『遼東志』は一五二九年の重修本である。『開元新志』と『遼東志』に共通する内容は、①熊皮を頭に戴くこと。②花布を着ること。③父母の死体から内臓を取り除いてミイラを作ること。④食事の際に父母のミイラに対して何らかの儀礼をすること。⑤弔いが三年間で終わることの五点であり、『遼東志』のみに見える内容は、⑥木の弓を用い、矢が一尺余りであること。⑦鏃に毒を塗ることの二点である。①と③は間宮林蔵が関係する記述を残しており、樺太アイヌの熊皮の頭巾や葬礼を記したものであることがわかる。⑤は十七世紀の北海道アイヌの記述に類似したものがある。⑥については、明代の一尺は約三十二センチで、現存するアイヌ民族の矢はだいたい四十から五十センチくらいであるから、筆者は矢が一尺余りという記述の許容範囲と考える。⑦は、近代のアイヌ民族誌にも対応する記述である。それ以外の②④についてはよくわからない。とくに②の花布については、元代の文献の用例では木綿かもしれないのだが、テタラペ（いらくさ）の布かもしれない。今後の検討課題としたい。以上、明代のアイヌについての記述は主に地方志で、アイヌが明に従う集団であるとの前提から、アイヌとその周辺の集団の生活文化を記録しており、この時代のアイヌ文化の貴重な記録である。

清代の漢語・満洲語史料のなかのアイヌ

清はアムール川流域の毛皮貢納民を辺民という制度に組織した。辺民にはハラ・イ・ダ（姓長）、ガシャン・イ・ダ（郷長）などの地位を与え、クロテンの貢納を義務づけ、ウリン（ほうび）を与えた。その朝貢の様子は図1に描かれている。清代のアイヌの記録のほとんどは、辺民の支配に係わる満洲語と漢語の檔案（公文書）であるが、特筆すべきことは、絵が残されていることである。乾隆帝の命で編纂され一七六一年に一応完成した謝遂『職貢図』は、清に朝貢する諸集団の男女を絵に描き、漢語と満洲語で説明を加えた本である。樺太アイヌは漢語で庫野、満洲語でkuyeとされている（図2）。①男性が脳天より前の髪を剃り落とすこと。②草の編み帽子をかぶること。③着物に赤い布の卍の字をつけること。④女性が口のまわりに入れ墨をすること。⑤鋭利な腰刀を帯びること。⑥女性が首飾りを身につけること、などの記述がある。これらのうち、①②は樺太アイヌに対応し、②は樺太アイヌの「イナウカサ」のことである（図3）。④⑤⑥は北海道アイヌにも対応する記述がある。また③は、アイヌの衣服の切伏文様が直角に曲がる様子を卍と表したものではないか。特に⑥は文には触れられず、絵にだけ描かれる。謝遂『職貢図』はアムール川流域・サハリン島の先住民の絵を七つ収めるが、女性が首飾りをしているのは庫野だけである。このように謝遂『職貢図』は大きな史料価値を持つが、乾隆帝の時代は、清が中央アジア方面への征服を進めた時代でもあり、周辺の先住民への関心の高まりと情報の収集が行われていた。アイヌについての記録も、そのような傾向のなかで多く記録されたと言えるのではあるまいか。

参考文献（50音順）

菊池俊彦・中村和之編『中世の北東アジアとアイヌ―奴児干永寧寺碑文とアイヌの北方世界』（高志書院、二〇〇八）

佐々木史郎『北方から来た交易民―絹と毛皮とサンタン人』（日本放送出版協会、一九九六）

M.M.プロコーフィエフほか（中川昌久訳）『サハリンと千島の擦文文化の土器―サハリンと千島へのアイヌ民族の進出』（函館工業高等専門学校、二〇一二）

松浦茂『清朝のアムール政策と少数民族』（京都大学学術出版会、二〇〇六）

中村和之 なかむら・かずゆき

一九五六年生まれ。北海道大学文学部卒（東洋史専攻）。函館工業高等専門学校特任教授を経て、現在は函館大学商学部教授。専攻はアイヌ史、北東アジア史。主な著書に『中世の北東アジアとアイヌ―奴児干永寧寺碑文とアイヌの北方世界』（共編著。高志書院）、『北東アジアの歴史と文化』（共著、菊池俊彦編。北海道大学出版会）、主な論文に「中世・近世アイヌ論」（『岩波講座日本歴史』第二〇巻、岩波書店）などがある。

クンストカースラ全景（2018年、筆者撮影）

3 クンストカーメラのアイヌの木綿衣

ロシア史でアイヌはどのように語られてきたのか

佐々木史郎
国立アイヌ民族博物館館長
SASAKI SHIROU

サンクトペテルブルクの
博物館に収蔵されている
二着の美しいアイヌの木綿衣（もめんい）。
それはこの博物館の至宝の一つだが、
また、対立と共生が織りなす
アイヌとロシアの
複雑な関係も物語っている。
日本ではほとんど知られていない
アイヌのもう一つの歴史をひもとく。

クンストカーメラのアイヌ資料

　ロシアの古都サンクトペテルブルクにあるロシア科学アカデミーピョートル大帝名称人類学民族学博物館（通称クンストカーメラ）には千四百点にのぼるアイヌ関連の資料が収蔵されている。その中に千島（クリル）列島収集とされる美しい刺繍が施された二着の木綿衣がある。それはアイヌの工芸技術と美的センスの高さを物語ると同時に、ロシアとの複雑な歴史を知る証人でもある。ここではクンストカーメラの木綿衣が物語るアイヌとロシアとの出会いの歴史を紹介しよう。

　ちなみに、クンストカーメラとは一七一四年にピョートル一世（大帝）の命令で建設されたロシア最古の博物館である。その後火災や組織替えを経て、一八七九年に人類学民族学博物館となり、一九九二年に現在の名称となっている。

二着の木綿衣

「８２０-７／２ａ」と「８２０-７／２ｂ」と収蔵番号が振られたこの二着の木綿衣は、クンストカーメラが収蔵するアイヌの衣服の中でも出色の収蔵品である。両者ともに藍木綿の古着に、日本の小袖から切り取った刺繍や墨描きが残る絹の断片を細長く加工して、イラクサ繊維の糸と絹の刺繍糸で縫い付け、服の裾、襟、肩、袖、背中を飾っている。しかも、収蔵年代が一七七五年とされていて、染色研究家の吉本忍氏によれば、もし収蔵してから劣化が進んでいないと仮定すれば、製作年代はそれより一〇〇年は前だろうとのことで[1]、一六〇〇年代の作ということになる。伝世するアイヌの衣装では最古級である。アイヌ服飾作家であり、研究者でもある津田命子氏によれば、これは虻田、有珠などの地域で盛んに作られた「ルウンペ」とよばれる木綿衣の類いだろうという[2]（それがなぜ千島で収集されたのかは後述）。

　最新の研究によれば、この二着の木綿衣を含む８２０番台の収蔵品群はプロトジヤコノフ商会という商社が、千島列島収集という情報を付けて、ヤクーツクから持ち込んだものとされる。この商社はアイヌとロシアとの出会いに深く関わる。

ロシアとアイヌの出会い

　ロシア側の主張では、すでに十七世紀前半にはユーラシア大陸の東のはずれでロシアとアイヌは出会っていたという。しかし、両者が密接な関係を持つのは十七世紀末である。

　ロシアの東方拡張政策は、アムール川流域をめぐる清との争いに敗れた後、カムチャツカ半島からアリューシャン列島、アラスカ方面へと向けられた。そして、カムチャツ

木綿衣の旅のルート

カ征服の過程で一六九九年にその南端で再びアイヌと出会う。この時ロシアは出会った人々を「クリル人」kuriletsと呼んだ。彼らはカムチャツカにまで進出していた千島アイヌだった。ちなみに、アイヌ側はロシア人を「シサム」あるは「シーシャム」[3]と呼んだ。シサムは北海道や樺太では和人を指すことばだが、北千島ではロシア人を指したようである。十八世紀に入ると千島列島への本格的な遠征が行われ、ヤサーク（毛皮による税金）の取り立てが始まり、人が拉致された。千島列島が美しい毛並みを持つラッコの宝庫だったからである。その時カムチャツカに連れ去られたアイヌの一人はたまたまシュムシュ島（千島列島の中でカムチャツカに最も近い島）に来ていたエトロフ島のアイヌだった。

コサックたちによる暴力的な接触と平行して、学術調査隊による穏やかな接触も行われた。一七三七〜四一年にロシアの若き博物学者だったS・P・クラシェニンニコフがロシア帝室科学アカデミーの調査の一環でカムチャツカを調査した。彼はカムチャダールやコリヤークなどの地元の民族とともに、千島列島から連れてこられた二人のアイヌに聞き取り調査を行った。それは十八世紀のアイヌを知る貴重なデータとなった。彼は聞き取りの後、この二人のアイヌを故郷に帰している。

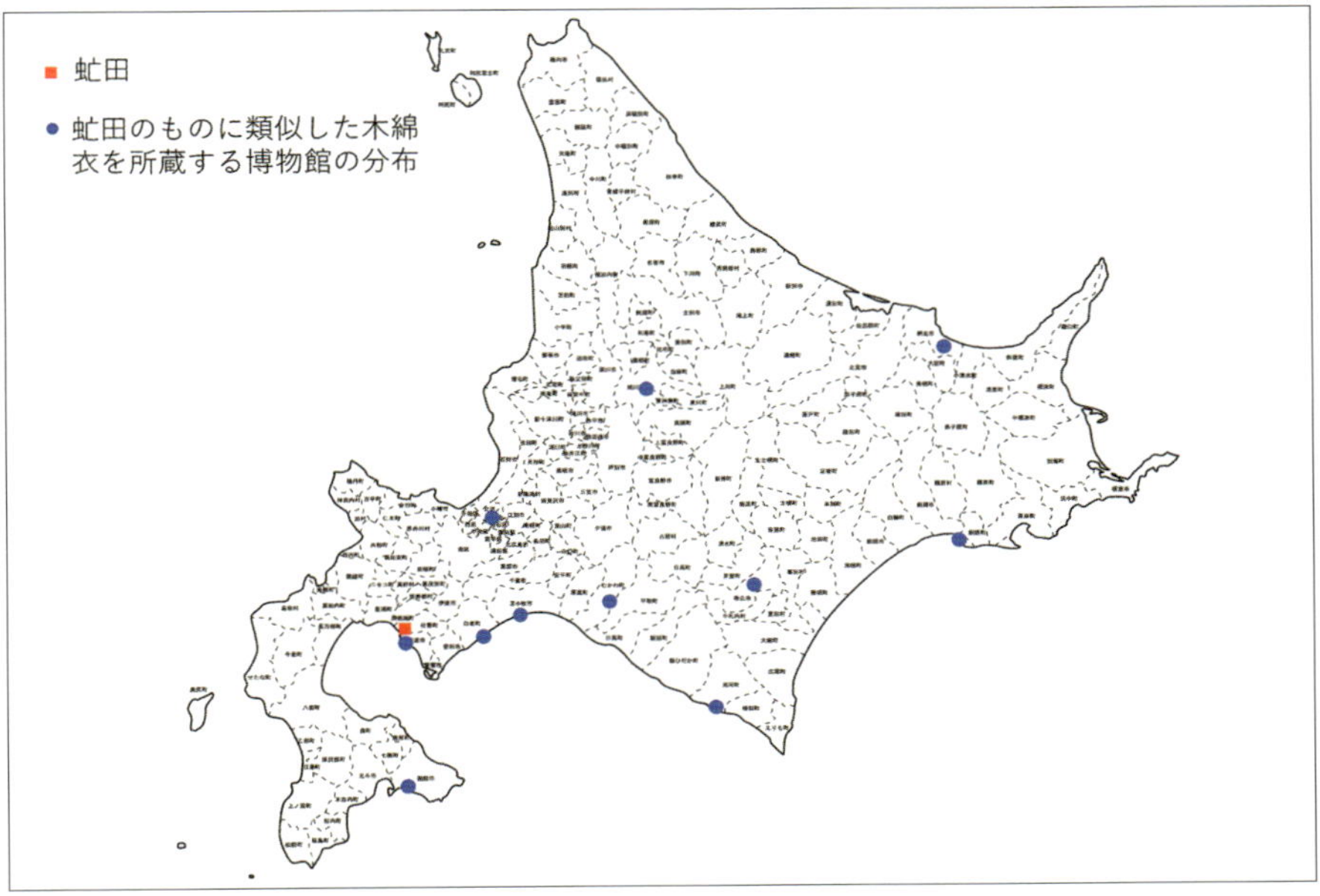

木綿衣（ルウンペ）を所属する博物館の分布

釧路市立博物館収蔵の木綿衣

帝政ロシアの版図に組み込まれる

ロシアの千島進出は十八世紀半ばから段階的に強化され、一七七八年には北海道にまで到達する（ロシア船の霧多布来航）。その間、シュムシュ、パラムシルなど北部の島ではアイヌが強制的なヤサークの徴収とラッコ猟への労働収奪にさらされた。ロシアは猟師を中心とした遠征隊を組んで頻繁にくるようになり、北千島のアイヌは水先案内人として南部の島々への先導役をやらされた。そのような一団はウルップやエトロフの近海までやってきてラッコ猟を行ったが、その粗暴さは目に余り、近隣のアイヌの集落は略奪や税の強制徴収に見舞われた。

一七七〇年にウルップ島近海にやってきた猟師の一団もそのような集団だった。彼らはエトロフから来たアイヌのラッコ猟を妨害し、ヤサークを強要し、その宿営地を略奪し、抵抗を受けてその首長を含む何人かを射殺してしまった。翌年にも同様なことが起きたことから、ついにアイヌ側が決起し、ウルップ島などでロシアの船や宿営地を襲撃した。ロシア側の記録では一七七二年までの間にこの騒動で二十一人が殺害され、生還したのは十八人だった。ロシア側はそれでも懲りずにラッコ猟の遠征隊を派遣し続けた。しかし、その態度は軟化し、接触したアイヌが拍子抜けするほどに紳士的になり、和解と交易を求めたという。

ゲオルギ『ロシア帝国諸民族誌』掲載のクリル人の図（筆者提供）

この一七七〇年にウルップ島に来た猟師の一団を編成したのがプロトジャコノフ商会だった。あの二着の木綿衣をクンストカーメラに納めた商社である。彼らの生き残りが一七七二年にはカムチャツカに戻っていることから、一七七五年にヤクーツクからサンクトペテルブルクに持ち込むことは可能である。しかし、どのようにしてこの商社の手に渡ったのかは、木綿衣は語ってくれない。この時の騒乱の中で収集（略奪）されたのかもしれないし、もっと平和で穏やかな状況の中で収集され、ヤクーツクに保管されていたのかもしれない。軽々しく判断はできないが、この美しい木綿衣が、対立と共生が交錯する千島列島におけるアイヌとロシアの出会いの現場にいたことは事実のようである。

本来、虻田や有珠あたりで製作されたはずの木綿衣（ルウンペ）がなぜ千島列島でロシア人によって収集されたのかという疑問も生じるだろう。それは、恐らくこの種の木綿衣がその美しさから晴れ着として、とくに普段着の樹皮衣（アットゥシ）の上から羽織るものとして、十七、十八世紀に北海道の太平洋岸から千島列島にいたる地域のアイヌの間で流行し、商品として流通したからである。そのことは、類似の木綿衣が北海道各地の博物館に収蔵されていることがよく表している。特に釧路市立博物館所蔵の木綿衣は、同一人物が製作したのかと思えるほどクンストカーメラの木綿衣とよく似ている。

ロシアは千島アイヌをこの木綿衣を羽織った姿でイメージした。一七七六年にJ・G・ゲオルギが出した『ロシア帝国諸民族誌』[4]には「クリル人」として千島アイヌが紹介されている。そこに男性の挿絵があるが、その人物は樹皮衣と思われる衣服の上にクンストカーメラ収蔵のものによく似た木綿衣を羽織っている。その挿絵の画家は、千島からの情報とクンストカーメラの収蔵品を組み合わせて描いたといわれる。しかし、それはある程度現実の着用方法を反映しているとも考えられる。

ロシアに残った千島アイヌのその後

十九世紀に入ると千島アイヌは日本の江戸幕府によって北海道アイヌとの交流を断たれ、ロシアの支配下で生きていかざるをえなくなる。政策的にロシア正教が布教され、当初は信仰に消極的だったアイヌも次第に熱心な正教徒となっていった。千島アイヌは一八二〇年代、三〇年代に来航したロシア海軍の関係者に精巧に作った舟の模型や着物、狩猟道具、ハマニンニクの茎を編んだバスケットなどを持たせ、クンストカーメラの収蔵品にしている。

一八七五年の樺太千島交換条約で全千島列島が日本領に編入されたとき、北千島にいたアイヌの九十一人がシコタン島への強制的な移住に応じたが、それに反発してロシア側に逃れたものもいた。一八九七年の第一回ロシア帝国国勢調査にはアリューシャン列島のベーリング島に八人、メードヌィ島に六人の計十四人のアイヌが記録されている。アイヌは社会主義時代（一九一七～一九九一）にロシア国内の民族と認められなくなり、その存在はかき消されていく。

ロシアとアイヌの出会いは十九世紀の樺太で第二幕が上がるが、紙幅がつきてしまった。それは別の機会に譲ることにしたい。

参考文献

Georgi, J. G., *Beschreibung aller Nationen des Rußischen Reichs, ihrer Lebensart, Religion, Gebräuche, Wohnungen, Kleidungen und übrigen Merkwürdigkeiten*, Sankt Petersburg: C. W. Müller. 1776（注4）

「釧根読み解く　釧路アイヌ民族の木綿衣世界最古級か」『北海道新聞』釧路版、二〇一六年六月二〇日二二面（注1）

「『世界最古級』の衝撃　釧路市アイヌ民族木綿衣　下」『北海道新聞』釧路版。二〇一六年六月一八日二三面（注2）

ズナメンスキー S.（秋月俊幸訳）『ロシア人の日本発見　北太平洋における公開と地図の歴史』北海道大学図書刊行会、1986年

村山七郎『千島アイヌ語』吉川弘文館1971年（注3）

ウイルタの女性たち
（『日本地理風俗大系 XIV』〈新光社、昭和5年〉より。国立国会図書館蔵）

4 訪ね合う間柄でも、理解不足から争いに

ウイルタが語る「タライカのたたかい」とアイヌ

山田祥子
室蘭工業大学准教授
YAMADA YOSHIKO

いったん「日本」という
コンテクストから離れ、
北方の近隣民族の視座に立つと、
アイヌはどのように見えるだろうか。
サハリン（樺太）島の
先住民族に語り継がれた
伝説「タライカのたたかい」を
とおして、
北の隣人ウイルタから見た
アイヌ像を考える。

サハリン（樺太）の諸民族

北海道の北に位置するサハリン島にはニヴフ、ウイルタ、そしてアイヌが居住してきた。ニヴフは漁労（ぎょろう）を中心とした半定住民で、居住域は大陸側のアムール川下流域からサハリン島の北半にまたがっている。ウイルタはサハリン島の北東部で、飼育するトナカイの群れとともに季節移動をしながら暮らしてきた。アイヌにとって、ニヴフやウイルタは、サハリン島における北の隣人といえる。

三つの民族はそれぞれにまったく異なる言語を話すが、単語の借用関係が認められることなどから、何らかのかたちでコミュニケーションを保ってきたことは明らかである。かつて彼らの行動を隔てる明確な境界線はなく、とりわけ、サハリン東海岸のタライカ地方（のちの敷香（しすか）周辺、おおむね現在

アイヌと北方少数民族の大まかな居住域。ニヴフ、ウイルタ、アイヌの３民族の居住域は実際には重なりあっていた

1930年の敷香の町並（『日本地理風俗大系 XIV』〈新光社、昭和５年〉より。国立国会図書館蔵）。タライカ（多来加）地方の主邑で、ポロナイ川河口右岸にあった。タライカ地方には、ウイルタやニヴフが多く居住していた

ウイルタの家屋
（『日本地理風俗大系 XIV』〈新光社、昭和５年〉より。国立国会図書館蔵）

ニヴフの男性
（『日本地理風俗大系 XIV』〈新光社、昭和５年〉より。国立国会図書館蔵）

のポロナイスク地方に相当。以下、簡潔に「タライカ」とする）は彼らの居住域が重なり、多様な文化が交錯する場所だった。

タライカのたたかい

そのタライカで、アイヌとウイルタがたたかったという伝説がある。アイヌとウイルタの双方、そして第三者のニヴフまでもが各々の言語で語り継いだ、サハリン先住民族の伝承のなかでもっとも有名な話と言ってよい。伝説の一部始終を紹介する文献資料は、筆者が知りえただけでも十数はある。内容が少しずつ異なるが、出どころは共通の、類話とみることができる。呼び名も様々だが、ここでは一括りに「タライカのたたかい」と呼んでおく。

類話を総合的にみて、「タライカのたたかい」のあらすじは次のようである。あるアイヌがウイルタを訪ねる。そのアイヌは供された食物に負の感情を抱き、そのウイルタの一家を襲う。生き残ったウイルタの子どもが逃げ延び、のちにアイヌたちを襲撃する。いわば復讐(ふくしゅう)合戦である。

あくまで伝説なので一〇〇パーセント真実ではないとしても、類話が多いことから、何らかの出来事にもとづくと考えられる。平山裕人(ひらやまひろと)や藤村久和(ふじむらひさかず)による文献史学的な研究にもとづき、その出来事の発生はおおよそ十八世紀と考えられる。この頃のサハリン東海岸は、清(しん)王朝や松前(まつまえ)氏の影響はあっても、政治的な統制は行き届かなかった。国家の手が及ぶ前に先住民間で起こった争いに伝説の源がありそうだ。

このように紹介すると、読者にはアイヌとウイルタが敵対関係にあったかのように捉えられるかもしれない。けれども、旧ソ連の民族学者たちの研究を総括した佐々木史郎の見解によると、サハリンの民族どうしの関係はおおむね良好だったと考えられる。むしろ、先住民間の激しい争いが珍しかったからこそ伝説として長く残ったといえる。

アイヌの訪問と、ウイルタの訪ね返し

ここから、「タライカのたたかい」の内容を伝えるウイルタ側の語りに焦点を当てたい。タライカ（より正確には、当該地方のルクタマ）出身で戦後に北海道へ移住した佐藤チヨ（ナプカ）（一九一〇?～一九八五）がウイルタ語で語ったテキストが、言語学者・池上二良（いけがみじろう）（一九二〇～二〇一一）により二度採録されている。どちらの採録でも共通して、序盤のアイヌの訪問シーンが次のウイルタ語で表現された。

アンダイッリ　クーイ　ニマリハニンダー

「アンダイッリ」は「アンダイリ」に三人称単数所有語尾が融合したかたちで「彼／彼女のアンダイリ」、すなわち、伝説冒頭の中心的な登場人物であるウイルタの「アンダイリ」を表わす。「クーイ」はウイルタ語でアイヌ（民族）のことで、ここではアイヌに属する特定の人物を指す。「ニマリハニンダー」は「お客に行く／来る」の過去・三人称単数・伝聞形である。つまり、文全体として「その人（＝ウイルタの人物）のアンダイリであるアイヌがお客に来たんだと」と訳される。

ウイルタ語の「アンダイリ」を、池上二良は「ともだち」と訳した。この語について視野を広げて検討してみると、まったく別の伝説のなかでも家を訪ねて来る人物も「アンダイリ」と表わされている。また、「お客さん」（訪問者）と訳される「アンダハ」という単語と通時的に関係があるとみられる。つまり、「アンダイリ」は、訪問という概念と結びついており、知人のなかでもとくに家を訪ねて来るような人物を指す語であろう。

佐藤チヨが語った「タライカのたたかい」では、ウイルタがそのアイヌにお茶とトナカイ胃の料理をふるまおうとしたところ、アイヌが食べずに帰ってしまう。そして、今度はウイルタがそのアイヌを訪ねて行く。訪ね返し、とでも呼べようか。

ウイルタがアイヌを訪ね返すシーンは、次のウイルタ語で表現されている。

ポロナイ川河口東に広がるタライカ湖畔に住むアイヌ女性（『日本地理風俗大系 XIV』〈新光社、昭和５年〉より。国立国会図書館蔵）

アンダイルビ　ドゥクタイニ　イーハニンダー
「自分のアンダイリ（ともだち）の家に入ったんだと」

文法解説は省くが、ここでも（語形変化があるものの）「アンダイリ」という語が使われていることが見てとれる。

ところが、そのアイヌの家で、ウイルタは衝撃的な光景を目にする。老婆が泣きながら女性の後産（あとざん）を切っていたのである。ウイルタは驚いて、すぐに逃げ帰った。そしてその晩、ウイルタのその人物は一家もろともアイヌの急襲を受けて命を落とす。そこで逃げ延びた子どもが北の地方に行って成長し、後年にトナカイを駆ってタライカに戻り、アイヌを急襲する。その際、ウイルタはアイヌの住居を焼き払い、アイヌの美女を一人、北の地方へ連れて行って妻にしたという。

この経緯をみると、アイヌがトナカイの胃を女性の後産と誤解したことに、ウイルタは気づかなかったのだろう。訪ね返しの時点まで、ウイルタの側には「アンダイリ」のアイヌへの信頼があったと解される。

小さな誤解から侮辱や怒りが生じ、気持ちの行き違いが生じ、結果として命を奪い合う争いとなった。佐藤チヨの語りは、友好関係から戦争状態への転換を実に生々しく描いている。

世代を越えたメッセージ

ここまで、「タライカのたたかい」のウイルタ側の語りをみてきた。アイヌ側の語りでは、なぜか、ウイルタの訪ね返しを描いた類話がみられない。同じ伝説でも、語る立場によって内容が変わるものだ。ウイルタはウイルタに都合の良いように語り、アイヌはアイヌに都合の良いように語る。

けれど、この伝説は類話が多いので、その内容を比較対照して共通項を調べることで、先住民がこれを語り継いだ所以（ゆえん）、すなわち世代を越えたメッセージがわかるのではないか。筆者が十数の類話を比べてみたところ、アイヌでもウイルタでもニヴフでも共通して必ず語られる場面があった。それは、ウイルタがアイヌの客人に食べ物を供し、アイヌが負の感情（怒りや恐れ）を抱いて立ち去る場面である。

伝説の採録者のなかで唯一、三民族すべてからいくつもの類話を聞き取ったブロニスラウ・ピウスツキの見解は重要である。ピウスツキは、「アイヌとウイルタは親しく平和な関係だったが、相手の慣習への理解不足が後の殺りくを引き起こした」とコメントした。この「理解不足」を掘り下げると、トナカイの胃を食すことがあるウイルタの慣習をアイヌが理解しなかったこと、ともいえるし、トナカイの胃を食すことを知らないアイヌの心理をウイルタが理解しなかったこと、とも解釈できる。

訪ね合う「アンダイリ」の間柄であっても、相手の慣習をきちんと知らなければ戦争につながる。この教訓こそ、伝説をとおして先住民たちが世代を越えて語り継いだメッセージなのではないか。今風に平たく言えば、異文化理解の重要性である。

この伝説は民族単位でなく、個人や家族を描いている。そもそも、国家の支配が及ぶ前の先住民たちの関係は、時代と空間を隔てた私たちが想像するよりもずっと個別的だったのではないだろうか。文化や言語が異なっても訪ね合う関係になるし、ちょっとした理解不足から関係が破綻することだってある。そんな、当たり前といえば当たり前で、人間臭い関係性のなかに、サハリンの近隣民族にとってのアイヌ像がかたちづくられていたのではないか。この伝説は、そんなことを考えさせてくれる。

参照文献

池上二良（採録・訳注）『増訂ウイルタ口頭文芸原文集』（大阪学院大学情報学部、二〇〇二）

佐々木史郎「ロシア極東における政治情勢と民族間関係」（『民族の共存を求めて 二』北海道大学スラブ研究センター、一九九六）

平山裕人『アイヌ史を見つめて』（北海道出版企画センター、一九九六）

藤村久和「ウイルタとの戦いに敗けた由来話〈解説〉」（『季刊 創造の世界』五〇、小学館、一九八四）

Piłsudski, B./ A. F. Majewicz (trans.) 1998. From the report on the expedition to the Oroks in 1904. In A.F. Majewicz (ed.) *The collected works of Bronisław Piłsudski, volume 1: the Aborigines of Sakhalin.* pp.618-677. Berlin: Mouton de Gruyter.

Yamada, Y. 2024 On the legend of the 'Taraika Conflict' handed down by the Sakhalin indigenous peoples. *Altai Hakpo* 34. 37-69. The Altaic Society of Korea.

山田祥子 やまだ・よしこ

一九八二年富山県生まれ。北海道大学大学院文学研究科を単位修得退学、北海道教育委員会（北海道立北方民族博物館）学芸員を経て現在、室蘭工業大学准教授。文学博士（北海道大学）。言語学（とくに記述言語学）を専攻し、二〇〇五年にウイルタ語の研究を開始、二〇〇八年から二〇一五年までサハリンへ現地調査に通った。現地で蒐集した資料や母語話者から直に学んだウイルタ語の知識を整理しながら記述研究を進めている。

クルーゼンシュテルン『世界周航記』(1811年ベルリン発行、独文版)に掲載された口絵(北海道大学附属図書館蔵)

5 ヨーロッパに注目されたアイヌ民族

北海道大学 アイヌ・先住民研究センター教授
山崎幸治
YAMASAKI KOJI

ヨーロッパにおけるアイヌ文化への関心は高い。また、ヨーロッパ各地の博物館には、多くのアイヌ・コレクションが所蔵されている。その背景にはヨーロッパの人々が抱いてきたアイヌ民族イメージに関わる長い歴史がある。

ヨーロッパ各国のアイヌ・コレクション

国（略称）	アイヌ・コレクションを所蔵する博物館	目録上の点数	確認できた点数
オーストリア	3	243（3.58%）	211
ベルギー	1	7	7
チェコ	1	1	1
デンマーク	3	240（3.54%）	238
フランス	2	195（2.87%）	155
ドイツ	24	3,486（51.46%）	2,952
ハンガリー	2	327（4.82%）	169
イタリア	1	498（7.35%）	498
オランダ	2	170（2.50%）	160
ノルウェー	1	36（0.53%）	32
ポーランド	1	1	1
ルーマニア	1	6	0
スペイン	1	3	3
スウェーデン	2	426（6.28%）	426
スイス	4	241（3.55%）	208
英国	8	864（12.75%）	619
バチカン	1	29（0.42%）	26
	58	6,773（100%）	5,706（84.24%）

ヨーロッパの博物館におけるアイヌ・コレクション（Kreiner 1993:272）より作成

初期の記録とアイヌ民族イメージ

ヨーロッパの人々が、アイヌという民族の存在をはじめて知ったのは十六世紀半ば、日本史でいう戦国時代のころといわれている。アイヌ民族について外国語で記された古文献を広く調査したドイツ・ボン大学名誉教授のヨーゼフ・クライナー博士およびザビエル研究の第一人者である岸野久博士によれば、一五四八年に薩摩半島出身の貿易商人ヤジロウ（もしくはアンジロー）が、マラッカで聖フランシスコ・ザビエルと出会って、インドのゴアへおもむき、その地にいたイエズス会神父ニコロ・ランチロットへ日本の地理やアイヌ民族について語った記録がもっとも古いもののひとつとされる。そこではアイヌ民族が、弓矢と非常に短い刀をたずさえ、長いひげをはやし、大きな身体で、勇敢に戦うことなどが記されたが、これらはヤジロウ本人が直接見聞きした情報ではなく、あくまで当時ひろく知られていた情報であった。十七世紀にはいると、同じイエズス会の神父であったデ・アンジェリスや、オランダ東インド会社のデ・フリースによる報告など、アイヌ民族に関する情報が増加した。

ライデン世界博物館（旧民族学博物館）

十八世紀末から十九世紀初頭には、フランスのラ・ペルーズ、イギリスのブロートン、ロシアのクルーゼンシュテルンといった探検家たちが、航海術の進展にともない世界地図の完成が目前に迫るなかで「最後の空白地帯」として残っていた日本列島の北側に位置する海域を航海し、そこでのアイヌ民族との出会いを航海記のなかに記した。それらの記述にはフランスの思想家ルソーの影響が共通して認められ、アイヌ民族は自然と一体となって平和に暮らす「高貴なる野蛮人」というイメージで語られた。これは戦争で疲弊し行き詰まりを感じていたヨーロッパの人々が、みずからの逆さまのイメージを投影したものだったが、このイメージがヨーロッパにおけるアイヌ民族イメージの根底にあることが前述のクライナー博士によって指摘されている。

アイヌ白人説

十九世紀末から二十世紀初頭、日本史でいう明治時代に入ると、アイヌ民族への自然人類学的関心が高まるなかで、アイヌ民族はヨーロッパ系の白人あるいはコーカサス系の民族ではないかという議論が注目を集めた。この説を最初に唱えた人物の特定は困難だが、ドイツを中心に影響力を持つようになった。現在、この説は完全に否定されている

ウィーン世界博物館（旧民族学博物館）

が、ヨーロッパにおけるアイヌ民族イメージの変遷を追う際には無視できない。また、今日のアイヌ遺骨問題につながるアイヌ民族への自然人類学的関心の一因ともなった。

ヨーロッパのアイヌ・コレクション

ヨーロッパの博物館に多くのアイヌ・コレクションが存在することが、日本で知られるようになったのは一九八〇年代半ばのことである。その情報はヨーゼフ・クライナー教授を代表とするボン大学の調査チームによってもたらされ、ロシアをのぞくヨーロッパ約二十カ国に約五七〇〇点（目録上では約六八〇〇点）のアイヌ資料が存在することが報告された（ロシアにも四五〇〇点を超えるアイヌ資料が各地の博物館に収蔵されている）。そして、全体の約三分の二がドイツ、スイス、オーストリアなどの中部ヨーロッパの国々に存在していること、日本国内のコレクションと比較して収集時期が古いものが多いこと、樺太アイヌと北海道アイヌの資料がほぼ同数となっていることなどが指摘された。

紙幅の都合上、ヨーロッパの博物館に所蔵されるアイヌ・コレクションの来歴を詳しく紹介する余裕はないが、日本に滞在したお雇い外国人による収集、博物館や研究者による収集、貴族などの世界旅行のなかでの収集、そして万博などの国際博覧会に合わせて収集されたものなどがある。

また、博物館などへの売却を目的として世界各地で動植物や民族資料の収集をおこなう骨董商も存在した。なかでもハンブルグに拠点があったウムラウフ社は、一九〇〇年初頭に七〇〇点以上のアイヌ資料を収集してヨーロッパ各地の博物館に納めたことが知られている。

衣服（樹皮繊維）（オランダ国立世界文化博物館所蔵Collection Nationaal Museum van Wereldculturen. Coll.no. RV-1-4099）大シーボルト収集

フィリップ・フランツ・フォン・シーボルト

前項で述べたように、ヨーロッパのアイヌ・コレクションの来歴は多岐にわたる。ここではアイヌ文化の研究史のうえで特に重要なフィリップ・フランツ・フォン・シーボルトと、その息子ハインリッヒ・フォン・シーボルトのコレクションについてのみ触れておきたい。

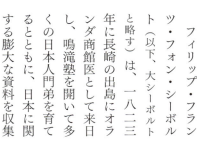

煙草入れ（オランダ国立世界文化博物館所蔵Collection Nationaal Museum van Wereldculturen. Coll.no. RV-1-4122），大シーボルト収集

フィリップ・フランツ・フォン・シーボルト（以下、大シーボルトと略す）は、一八二三年に長崎の出島にオランダ商館医として来日し、鳴滝塾を開いて多くの日本人門弟を育てるとともに、日本に関する膨大な資料を収集したことで知られている。有名なシーボルト

事件（一八二八年）で国外追放となるものの、一八五九年には再来日を果たしている。

現在、大シーボルトが最初の滞在（一八二三～一八二九年）で収集したものは、オランダの国立世界文化博物館を構成するひとつであるライデン世界博物館に、二度目の滞在（一八五九～一八六二年）で収集したものは、ドイツのミュンヘン五大陸博物館に所蔵されている。そこにはアイヌ資料も含まれており、ライデンに約九〇点、ミュンヘンに数点のアイヌ資料が確認されている。

ライデン世界博物館に所蔵されている大シーボルトのアイヌ・コレクションは、収集時期が特定できる世界で最も古いアイヌ・コレクションのひとつであり、アイヌ文化の研究史において重要である。なお、大シーボルトは江戸以北にはおもむいておらず、彼のアイヌ資料のほとんどは、一八二六年の江戸参府の際に交流をもった人物や彼の門弟たちから贈られたものである（ミュンヘンのアイヌ資料については、購入など別ルートの可能性がある）。

ハインリッヒ・フォン・シーボルト

一八五二年、ドイツ・ボッパルトで大シーボルトの次男として生まれたハインリッヒ・フォン・シーボルト（以下、小シーボルトと略す）は、大シーボルト以上にアイヌ文化の研究史にとって重要な人物である。

考古学や民族学に関心を寄せていた小シーボルトは、一八六九年に初来日し、日本において遺跡の発掘調査をおこなった。なかでも大森貝塚の解釈をめぐる東京帝国大学のエドワード・S・モースとの論争は有名である。小シーボルトは、この貝塚を作った人々をアイヌ民族と考えたのに対し、モースはアイヌ民族ではなく、それに先行する別の人々と考えた。そして一八七八年夏、小シーボルトは大森貝塚を作った人々がアイヌ民族であることを証明するために北海道におもむき、フランス公使館のディスバハ伯爵とともに沙流川（さるがわ）流域の平取（びらとり）に一週間ほど滞在、調査と収集をおこなった。これは外国人がアイヌ民族について民族学的関心をもって、現在でいうフィールドワークをおこなった最初の事例といえる。

現在、小シーボルトが収集した約八〇点のアイヌ資料は、オーストリアのウィーン世界博物館に所蔵されている。彼のアイヌ・コレクションの全体的特徴は、約六割が弓矢などの生業関係の資料で占められていることである。そこには現地でしか収集できないような当時の暮らしを感じさせるものが多い。

矢筒（ウィーン世界博物館所蔵Weltmuseum Wien, Inv.-Nr. 37245），小シーボルト収集

布織機（ウィーン世界博物館所蔵Weltmuseum Wien, Inv.-Nr. 37307），小シーボルト収集

近年の動向

二十一世紀をむかえ、博物館とその歴史についての研究が蓄積されるなかで、博物館という文化装置は批判的に検討され、その役割も変化してきた。ヨーロッパのアイヌ・コレクションが、かつてそれらの資料を提供したアイヌ民族の子孫たちと「再会」する機会も増えてきた。先住民族の文化への理解促進と、その復興を目的に、海外にあるアイヌ・コレクションの日本への里帰り展も開催されるようになった。

博物館の所蔵資料データベースのオンラインでの公開が進むことで、パソコン上でアイヌ資料の画像を閲覧できる機会が増えただけでなく、これまで存在を知られていなかったアイヌ・コレクションを「発見」する機会も増えた。

二〇一八年には、大英博物館の日本ギャラリーの常設展示に、現役のアイヌ工芸作家である貝澤徹氏の作品が加えられた。海外での美術展に招聘される作家も珍しくなくなった。二〇二三年には、ジャパン・ハウス ロンドンにおいて平取町沙流川流域に住むアイヌ民族の現代の暮らしを紹介する特別展が開催された。会期中、多くのアイヌ民族が会場を訪れ、ロンドン市民に向けて自らの声で自らの文化について発信した。

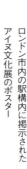

ロンドン市内の駅構内に掲示されたアイヌ文化展のポスター

参考文献

岸田久『ザビエルの同伴者アンジロー——戦国時代の国際人』（吉川弘文館、二〇〇一）

J・クライナー「ヨーロッパ思想史とアイヌ観、アイヌ研究、アイヌ・コレクションの形成」（小谷凱宣編『海外のアイヌ文化財：現状と歴史』南山大学人類学研究所、二〇〇四）

山崎幸治「シーボルト父子のアイヌ・コレクションの比較と現代的意義」（日高薫／ベッティーナ・ツォルン責任編集、国立歴史民俗博物館編『異文化を伝えた人々Ⅱ　ハインリッヒ・フォン・シーボルトの蒐集資料』臨川書店、二〇二一）

Josef Kreiner (ed.) *European Studies on Ainu Language and Culture*. Iudicium.1993.

山崎幸治 やまさき・こうじ

一九七五年福岡県北九州市生まれ。北海道大学アイヌ・先住民研究センター教授。専門は、文化人類学、博物館学。博物館資料の現代的意義とその活用に関心を持ち、アイヌ物質文化および博物館に関する研究をおこなう。先住民族の展示、アイヌ工芸の振興、海外アイヌ・コレクションについても研究をおこなう。著書に『もっと知りたいアイヌの美術』（東京美術）などがある。

6 ホモ・サピエンス史からみたアイヌのビーズ

国立民族学博物館人類文明誌研究部名誉教授
池谷和信
IKEYA KAZUNOBU

ホモ・サピエンス史の視点からみると、北海道は約二万年のあいだビーズ文化が維持されてきたビーズアイランドであり、アイヌビーズがそこでの中心的な役割を占めてきたものと考えている。

写真1　アイヌのビーズ、タマサイ（国立民族学博物館蔵）

世界のなかのアイヌのビーズ

二〇一七年に私は、世界のビーズを紹介する展示会を行う機会があった。大阪・国立民族学博物館（以下、民博と略する）での特別展『ビーズ──つなぐ、かざる、みせる』である。そこでは、「部材と部材をつなげたもの」をビーズとして捉えて、民博の常設展示場のようにオセアニアから日本まで、ビーズを鑑賞しながら世界一周旅行ができるような配置をつくった（池谷編二〇一七）。そこで多くの来館者が口にしたのが、アイヌのビーズがもっとも印象に残ったという言葉である。玉の大きさ、濃い水色の玉、世界中のビーズのなかでもとりわけ異彩を放つ唯一無二の存在であった（写真1）。

ところで、近年、ホモ・サピエンス史の研究が盛んになっている。そのきっかけをつくったのが、イスラエルの歴史学者ユヴァル・ノア・ハラリによる『サピエンス全史──文明の構造と人類の幸福』（二〇一六年）という本である。彼は、約三十万年前のホモ・サピエンスの誕生以来、現在までの人類の文化をサピエンス史として捉えてこの書を執筆した。彼はおよそ一万年前の農業革命の前の約六～七万年前に認知革命があったとし、現代の宗教や政治や貿易など、人類の大規模な協力システムは、ホモ・サピエンス特有の虚構をつくる認知能力に由来すると述べた。

そして、装飾品であるビーズは、絵画や踊りや言語などと同様に、認知革命に関わり誕生した可能性があると説いた（池谷編二〇二二a）。しかしながら、最新のビーズ研究では十～十二万年前に人類最初とされるビーズが地中海沿いに出土しており、認知革命の前にビーズが作られた可能性が高い。

ここでは、ホモ・サピエンス史からみたアイヌのビーズについて紹介する。約二万年前から現在までのあいだに北海道でビーズはどのように生まれて展開してきたのか、その歴史を展望する。具体的にアイヌのビーズは、タマサイとシトキという二つの首飾りに分けられている（池谷二〇二二b）。タマサイは複数のガラス玉などをつないで結んだ首飾り、シトキはガラス玉のあいだに大きな飾り板を入れたもので、飾り板そのものをシトキと呼ぶこともある。そしてシトキは、直径が十センチ以上もある薄い円形のもので、金属製であることが多い。このように現在まで伝承されてきた二つの首飾りの他にもニンカリと呼ばれる耳飾りも「部材と部材をつなげたもの」としてビーズとみてよいだろう（写真2）。

アイヌビーズの誕生

約二万年前の旧石器時代、北海道は大陸と陸続きであった。当時の遺跡から緑色石岩で作られたビーズが見つかっている。その石は、最近の研究によると道内の七十〜八十キロ離れた原産地から運ばれたと推察されている。つまり、約二万年前の北海道にはすでにビーズ文化が存在していた。

写真２　シトキ（円盤付きの首飾り）。
右のイラストは池谷ほかが作成。
出典：池谷編2022b、アイヌ絵は国立民族学博物館蔵

数千年前には、縄文文化が、道内のほかにサハリン南部、千島（ちしま）列島の一部まで広がっていた。そのころのビーズには、本州産のヒスイやコハク、道内産の貝殻を含む多様な素材が使われている。当時、ヒスイの産地は、新潟県糸魚川（いといがわ）周辺に限定されていて、贈与や交換によって北海道まで運ばれたと思われる。貝殻製の玉は、約三五〇〇年前の礼文島（れぶんとう）の船泊（ふなどまり）遺跡でさまざまな形で残っている。この場所では、メノウ製のドリルを使用して貝製平玉（ひらだま）が大量に製作されていたと推察されている。

さらに古代・中世以降、北海道のビーズ文化は本州のそれとは大きく違ってくる。古代の畿内や奈良盆地では、メノウなどの石を使って勾玉のようなユニークなビーズがつくられた。当時の豪族の長がそれを身に着けていたとされ、ビーズは社会階層を示すものであった。その後、本州では律令制が展開してビーズの利用が衰退する。一方で、十三世紀から十八世紀までの道内の遺跡では、多数のガラスビーズが出土している。道東のオニキシベ遺跡では、青いガラスビーズと中国銭を組み合わせ金属製の円環（えんかん）をつけたビーズ、おそらくは現在のアイヌの使用するシトキの原型

写真３　江戸トンボ玉が使用されたアイヌのシトキ（撮影：池谷）。中央の緑の玉は、江戸トンボ玉

と思われるものが初めて出土している。これは、地域の首長層が身に着けていた可能性が高い。ガラスビーズは、交易によって中国・東北地方からアムール川下流域を経てサハリン島、そして北海道に運ばれたものと推察される。

アイヌビーズの展開

江戸時代になると考古資料のみならず、世界的にみても貴重なアイヌ風俗を示す色鮮やかなアイヌ絵が残っている。一七二〇年の新井白石が書いた『蝦夷志』では、金属製飾り板のついたシトキのスケッチが記されている。一七八一年の『松前志』では、さまざまな色のガラス玉に複数の貨幣を組み合わせたタマサイを知ることができる。また、一七八九年の『夷酋列像』（国立民族学博物館所蔵）では、チキリアシカイという名前のアイヌ女性の肖像画からアイヌの衣装や装身具のようすがわかる（写真２）。彼女は、首飾りと耳飾りの二つのタイプのビーズを身に着けていた。青い中玉が多く使われるガラス玉を中心としながらも十枚以上の穴のあいた貨幣、一枚の円盤を組み合わせている。

その後、江戸時代の終わりにはアイヌの使用するガラス玉の産地が、中国・東北地方・サハリンルートから本州ルートの方に変わっていく。江戸や大坂で製作されたガラス玉、トンボ玉である（写真３）。このほかにも北海道唯一の城下町松前で、アイヌ向けのガラスビーズがつくられていたともいわれる（関根二〇二三）。これらは、安価であり大量に生産されたものが道内に流通した。その結果、個々のガラス玉では青玉が目立つようになり、直径五センチ以上に大型化した玉も見いだせる。これが、現在まで伝承されているアイヌビーズにつながる。

写真４　玉の色が非対称なシトキ（撮影：池谷、国立民族学博物館蔵）

そして近現代になると国内各地で所蔵されているアイヌビーズの本数は増えるが、わからないことが多い。もともと玉の色や大きさは、対照的か非対照的なのか（写真４）。函館市北方民族資料館および苫小牧市美術博物館などの情報を筆者がまとめると、国内には千本以上のタマサイやシトキが保管されているが、誰がつくり、誰が利用してきたのか、よくわかっていないものが多い。というのもアイヌビーズのコレクションは、札幌市内の小物商を経て収集家の手に渡ったとみられるものが多く、個々の玉の由来がほとんど記録されていないためである。

　さらに近年では、アイヌのビーズづくりに新たな動きがみられる。道内各地で植物（イケマの根）や樹木を部材に使う人、ビーズの刺繍など、新たな伝統が創造されつつある。なかでも、二〇二一年秋に国立アイヌ民族博物館で開催されたビーズ展において展示された貝澤徹氏による木製のクモの造形は見事であった。一つの木から作りだされた木製のビーズ。これは、ホモ・サピエンスのビーズ史上、唯一無二のものである。

二万年にわたり受け継がれたビーズの伝統

　はたして、アイヌビーズは、どこまで歴史を遡っていけるのだろうか。ビーズは、アフリカでは十万年に対して、北海道では二万年の歴史を持っている。そして、縄文文化のビーズは道内と道外で類似しているが、弥生文化、古墳文化のなかでのビーズ文化は北海道と本州では大きく異なっていた。そして、道内には本州のような水田稲作をする弥生文化は存在しない。続縄文式の土器が見出され、狩猟採集の時代が継続する。その後のオホーツク文化、擦文文化を担ったのもまた狩猟採集の民であり、ビーズの文化を保持していた。

冒頭で言及したようにアイヌのビーズは、世界的にみてもユニークな色や大きさを持ち、さまざまな用途で使われてきた。金属板に貨幣、そのほかにも多数の素材が使用され、その組み合わせ方がいかに多彩であるかが特徴になっている。そして、これらのビーズは、アイヌの人々の豊かな創造力や美の追求を中心として、ときには社会階層の違いなども示し、親から子へと受け継がれ、儀式や儀礼には欠かせないものとして存在してきた。

最後に、近年の遺伝学の研究では、縄文系集団とオホーツク文化人の合流によってアイヌ集団が形成されたとする見方がある（篠田二〇一一：八五頁）。アイヌの場合、縄文時代に生きた人々の遺伝子を受け継いでいるので、言語と文化の類似性、連続性が大きいといわれる。しかしながら、本稿が示すように、アイヌのビーズ文化は、ヒトの集団のなかの血統的なつながりとは無関係に、先史時代から現在まで受け継がれてきたものと推察される。

以上のことから、ホモ・サピエンス史の視点からみると、北海道は約二万年のあいだビーズ文化が途絶えることなく維持されてきたビーズアイランドであり、アイヌのビーズが先史時代からの伝統を受け継ぎ、そこでの中心的な役割を占めてきたものと考えている。

参考文献

池谷和信編　二〇一七　『ビーズ―つなぐ、かざる、みせる』国立民族学博物館
池谷和信編　二〇二二a　『ビーズでたどるホモ・サピエンス史―美の起源に迫る』昭和堂
池谷和信編　二〇二二b　『アイヌのビーズ―美と祈りの二万年』平凡社
篠田謙一　二〇一一　「アイヌ人骨の自然人類学的研究とその課題」『学術の動向』第九号八三〜八七頁
関根達人　二〇二三　『つながる　アイヌ考古学』新泉社

池谷和信　いけや・かずのぶ
一九五八年生れ。東北大学大学院理学研究科博士課程単位取得退学後、北海道大学文学部附属北方文化研究施設助手を経て、一九九五年より国立民族学博物館。現在は国立民族学博物館人類文明誌研究部名誉教授。専門は人類学、地理学。主な著書に『人間にとってスイカとは何か―カラハリ狩猟民と考える』（臨川書店）、『狩猟採集民からみた地球環境史―自然・隣人・文明との共生』（編著。東京大学出版会）など編著書多数。

実際の木彫りの光景

アイヌ文化の継承

木彫、丸木舟

公益財団法人アイヌ民族文化財団
ウポポイ（民族共生象徴空間）運営本部
文化振興部工芸課課長補佐

山道陽輪
YAMAMICHI YOUMARU

ウポポイを構成する施設の一つである国立民族共生公園には「工房」があります。そこではアイヌの手仕事に関する解説とともに、木彫や刺繍の体験ができますが、私はこうした体験プログラムの開発や実演などを主な仕事としています。それ以外にも屋外で行っている丸木舟の制作、弓矢体験などを手掛け、こうしたプログラムで使用する道具の制作なども、日々行っています。アイヌの祭具や舞踊などで使用する道具の補修も、必要になります。つまり、「ものづくり」の実践と指導によってアイヌ文化を紹介し、アイヌ文化を伝承するというのが、私の仕事ということになります。

最近は、ウポポイのなかに「儀礼委員会」という組織ができ、私もその一員として旧アイヌ民族博物館の当時から行ってきたアイヌの儀礼を、今後どう扱っていくかを検討しています。

私は、親がアイヌ文化の伝承や発信に熱心だったので、子どものころからアイヌ文化には生活レベルで親しんでいました。毎年行うアイヌの儀礼もありましたし、毎晩、アイヌの

2023年の、丸木舟の制作光景

踊りや歌の練習をするような環境でした。当時は、アイヌ文化に対する意識は希薄で、ただ兄姉がやっているから自分も、という感覚だったのですが。十六、七歳のころ、踊っている踊りや歌のアイヌ語の意味を聞かれても何も答えられないことに気づきました。それがアイヌ文化と本格的に向き合うきっかけです。

　もともと、ものづくりが好きだということもあって、地元の平取町（びらとりちょう）二風谷（にぶだに）にある職業訓練講座を受講し、三ヶ月ほどものづくりを学びました。そこで出会った貝澤福次先生に木彫りの技術を教えていただくことができました。その後、アイヌ文化の担い手育成事業に二期生として参加し、そこでアイヌ文化の伝承者や工芸家の方に教わる機会を得ましたし、旧アイヌ民族博物館の収蔵品である民具を直に目にすることも、手を触れることもできたわけです。これは貴重な体験でした。ものづくりの世界は、トライ&エラーが基本ですが、ある程度、技術や知識が身についてくると、見ることで、その道具を作った人の技術や道具の用途、そして、ものづくりの背景にある思想のようなものが見えてきます。そういう体験があったおかげで、私はウポポイの文化振興部工芸課のお仕事をさせていただいているのだと思います。

　ものづくりというのは、アイヌ文化に限らず過去の文化に触れる行為です。そして実際に自分で作ることによって、過去の技術を現代に甦らせることができます。もちろん、資料を読んだり伝承を調べる必要もありますが、道具を実際に試行錯誤しながら作ることによって、アイヌ文化への理解を深めたり、次世代への文化継承の一助になるのだと日々実感しています。

第3章

もっと知りたいアイヌのこと

アイヌ民族の視点から、
「民族」としてのアイヌのあり方、
あるいはアイヌ文化やアイヌ語を
深掘りする。

木下清蔵写真／提供：公益財団法人アイヌ民族文化財団

1

Uzawa Kanako
鵜澤加那子
アーティスト、権利活動家

「先住民族」としてのアイヌ

国際社会のなかでのアイヌ民族

アイヌ民族は、二〇一九年に成立、施行されたアイヌ施策推進法により日本の先住民族として初めて法律上明記された。そこにたどりつくまでの過程はどのようなものであったのか？そして、先住民族と認められたということの意味や課題を国際的な視点から見てみよう。

国連本部で演説する北海道ウタリ協会の野村義一理事長
（アイヌ協会蔵）

日本近代化とアイヌ民族

アイヌ民族は、十九世紀後末から行われた同化政策、北海道旧土人保護法、そして、西洋の影響のもと輸入された人種化というイデオロギーのもと、日本近代化のなかに組み込まれていった。そのなかでアイヌ民族は、未開の地（No man's land）に住む「野蛮人」とされ、自らの文化、言語、生活様式を奪われ、日本人の生活や言語を強いられた。それと同時に、独自の文化と言語を持つとされたアイヌ民族は、ヨーロッパやアメリカの人類学者や探検家たちの注目を集めた。彼らはアイヌの身体的特徴、風習、言語、生活様式に関心を抱き、その独自性を研究の対象とした。

しかし、この時期のアイヌに対する関心と研究は、しばしばエキゾチシズムの視点に基づいており、アイヌの文化を「原始的」または「異国的」として描くことが多かった。これらの過去の研究や文献は、固定的で否定的なアイヌ民族のイメージを生み出すことになる。

そのようなイメージは、いまだに日本国内、国外ともに残っており、現代社会のなかでも様々な形でアイヌ民族への差別や偏見として浮き彫りになることが社会問題のひとつとして挙げられる。それと同時に、このような経緯のなかで生まれたアイヌ研究には、倫理上の問題が指摘されるようになっている。アイヌ民族研究とはどのようなものであるべきなのか？　アイヌ民族の声を反映しないアイヌ研究が、正当な研究として認められるべきなのか？　アイヌ民族の声と主体性が重要視されるようなアイヌ研究の確立が今後の課題とされる。

アイヌ民族の美

アイヌ民族は、独自の文化と言語を持つ先住民族である。それは明治政府による同化政策で多くのものを失った後も継続されてきた。アイヌ民族は、精神世界、その情熱を伝統芸能、口承文学、食文化、彫刻や刺繍（ししゅう）など、様々な形で次の世代に受け継いできた。その独自性豊かなアイヌ伝統芸能は、二〇〇九年にユネスコ無形文化遺産として登録され、文化の豊かさは国際的な場でも認められている。なかでも、その独自性と魅力は、技術的なものだけではなく、長い歴史のなかで大切に受け継がれてきた伝統知識や世界観が盛り込まれたものなのだ。

今日では、アイヌ民族に対する国際的な認識は、単なる文化的好奇心を超えて、権利や文化の保護、復興の必要性に対する理解へと進化している。国際的な文化交流や教育プログラムを通じて、アイヌの文化はより広く紹介され、尊重されるようになってきている。また、日本国内でもアイヌ文化の復興に向けた努力が進められており、国際社会との連携が強まってきている。このように、アイヌ民族の国際的な認知は、時代とともに変化してきたが、現在ではその文化的価値が広く認められおり、国際的な先住民族のネットワーク内では、大切なメンバーとして認識されている。

国際連合での先住民族としての認識

二〇〇七年、二〇〇九年のユネスコ無形文化遺産として登録される二年前、先住民族の権利に関する国連宣言（以下、国連宣言）が国連総会で採択された。日本も採択に賛成した一国だ。翌年、二〇〇八年日本政府は、官房長官談話という形で、アイヌ民族を日本の先住民族として認めた。この認識が法律上で明記されるのはその約十年以上先の二〇一九年となる。

しかし、その先住民族という言葉の意味は、今まで日本ではあまり知られてこなかった。一方、国際的な視点から見ると、「先住民族」の存在と認識は、第二時世界大戦後強くなり、その定義も議論されるようになる。まず、世界の平和と人権保護の名のもとに作られた世界人権宣言や国際人権規約の例を見てもわかるように、人権保護の認識が高まっていった。また、世界各国で強制労働などが強いられていた先住民族の現状が明らかになってきたことなどを受け、先住民族の保護とその定義は、二十世紀後半から国際連合などでより広く議論されるようになる。先住民族の保護を目的として一九五七年に国際労働機関（ＩＬＯ）が採択した土地及び種族民条約（ＩＬＯ第一〇七号条約）、そして、同化からの転換を図った一九八九年の原住民及び種族民族条約（ＩＬＯ第一六九号条約）などもこうした経緯から作られたものだ。国際的には、国連の特別報告者ホセ・マルティネス・コーボの作業上の定義というのものに一定の影響力があるが、世界の先住民族の多様性を包括的に反映できるものかについては争いがあり、国連宣言では定義が入れられないことになった。

日本国内では、二風谷（にぶたに）ダム事件において一九九七年に札幌地裁が、国内における先住民族の議論を変えるものとなる。この判決では、自由権規約二十七条と憲法十三条に基づいて、アイヌ文化享有権の尊重が認められ、アイヌ文化に対する影響を少なくするなどの対策を取らずに行われたダム建設に係る土地収用が違法という判断をおこなった。また、この判決は、自ら定義した先住民族にアイヌ民族が

二風谷ダム事件の舞台となった二風谷ダム　写真／スーザン・ダイン

国連組織図

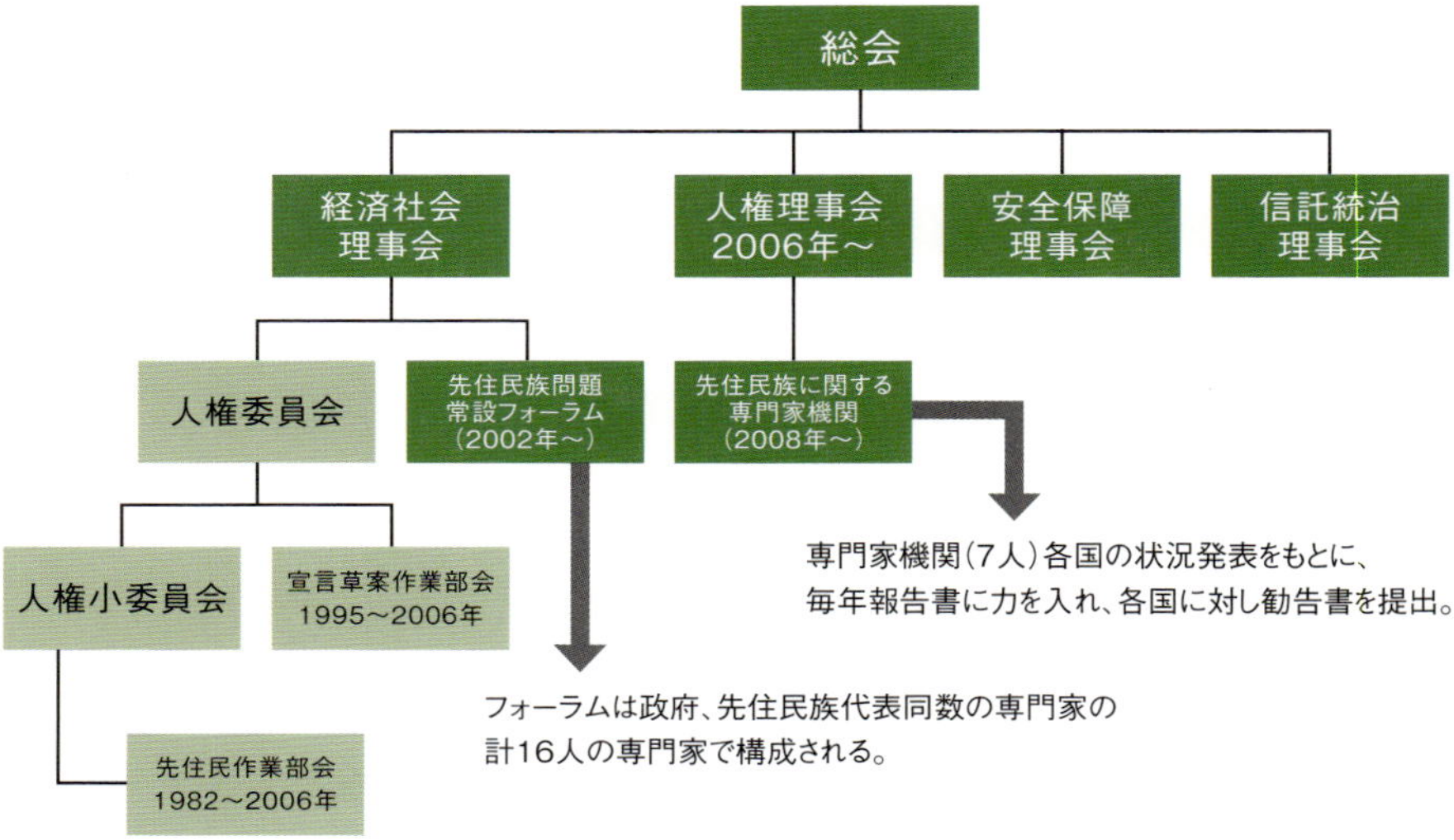

該当すると認めた。日本の国家機関により初めてアイヌ民族の先住性が認められたのだ。そこでは、国家の統治が及ぶ前から、ある土地に歴史的に継続して居住しており、多数民族とは異なるアイデンティティを持ち、その独自の文化とアイデンティティが現在でも喪失されていない社会集団であると定義された。

その後、アイヌ民族の権利保障や文化の保全に関する国際的な関心が高まるきっかけとなったのが、一九八〇年代から九〇年代にかけて見られた世界の先住民族の権利運動だ。その最中、アイヌ民族は、一九八七年から国際連合での先住民作業部会などに参加し始める。この先住民作業部会（一九八二年～二〇〇六年）は、先住民族自らが自分達の問題を自らの声で伝えていくという意味で画期的なものとなった。特に、アイヌ民族の存在が注目されたのは、一九九二年のことである。その当時、北海道ウタリ協会理事長であった野村義一氏が、国連総会で開催された「先住民族の国際年」でアイヌ民族代表として初めて演説したのである。野村理事長は、一九八六年の中曽根首相の日本国単一民族発言を受け、アイヌ民族は今でもしっかり生きているというメッセージを込めた声明文を発表した。当時、アジアからの参加者はまだ少ないなかでの発言であった。

アイヌ民族の存在や文化的アイデンティティが国際的に認知されるきっかけとなる。

二〇〇〇年代に入ると、アイヌ文化の再評価が進み、世界中の学者や文化関係者がアイヌ研究や文化の重要性に注目するようになる。海外の大学や学生からも日本国内でのアイヌ民族政策や脱植民地化の文脈でのアイヌ研究を知りたい、というニーズも出てきた。もはやアイヌ民族は、国内だけで孤立する先住民族ではなくなったのである。

このように、アイヌ民族の国際的な認知は、時代とともに変化、現在ではその文化的価値が広く認められているように見える。しかし、先住民族としての権利保障は日本では認められておらず、課題が残っている。例えば、アイヌ政策交付金事業では、アイヌの声を聞くことが義務付けられているものの、そもそものアイヌ施策推進法のあり方に関するアイヌの多様な意見については尊重されているとは言い難く、アイヌ民族に自己決定権が認められているとは言えない状況にある。

主要参考文献

小坂田裕子・深山直子・丸山淳子・守谷賢輔（編）『考えてみよう　先住民族と法』（信山社、二〇二二）

小坂田裕子「「先住民族の権利に関する国連宣言」とアイヌ施策推進法を巡る議論」『国際人権』三十四号（信山社、二〇二三）

小坂田裕子「先住少数民族の権利」―二風谷ダム事件」『国際法判例百選（第三版）』（有斐閣、二〇二一）

先住民族の権利宣言研究グループ編／著『一目でわかる　先住民族の権利宣言―国連案の内容と争点―』（ウハノッカの会、二〇〇四）

リチャード・シドル著／マーク・ウィンチェスター訳『アイヌ通史―「蝦夷」から先住民族へ』（岩波書店、二〇二一）

鵜澤加那子 うざわ・かなこ

アイヌ民族出身の研究者、アーティスト、権利活動家。現代のアイヌ民族の暮らしや文化を伝えるAinuTodayの創設者。二〇〇八年、UiTノルウェー北極大学で先住民族学の修士号取得、二〇二二年、同大学でコミュニティプラン・文化理解で博士号を取得。現在、北海道大学先住民族研究・文化多様グローバルステーション（GSI）助教。アメリカミシガン大学美術館、および、リトアニア国立博物館のゲストキュレーター。コンサルタント会社、K.Uzawa ConsultのCEOや国立アイヌ民族博物館の研究推進ワーキンググループ委員も務める。主な著書に『コラム―世界の潮流と交流に見るアイヌのアート』（美術手帖）、『Confronting Academic Colonialism: Reflections on My Role as Ainu Researcher in Indigenous Research Design-Transnational Perspectives in Practice』（Canadian Scholars）『What does Ainu cultural revitalisation mean to Ainu and Wajin youth in the 21st century? Case study of Urespa as a place to learn Ainu culture in the city of Sapporo, Japan』（AlterNative: An International Journal of Indigenous Peoples）などがある。

2

アイヌ復権への道のり

Takeuchi Wataru
竹内 渉
北海道アイヌ教育相談員（北海道教育庁）

一九四六年、北海道アイヌ協会が設立され、アイヌ民族の復権を目指した組織的な活動が始まった。一九七〇年代から海外との交流が活発化し、国連の先住民族会議でアイヌ復権についてアピールした。アイヌ文化活動が活発化し、伝統儀式も各地で復活している。

1992年3月、「アイヌ新法早期制定東京アピール行進（アイヌ協会蔵）」。
中央が萱野茂

1992年3月、「アイヌ新法早期制定東京アピール行進（アイヌ協会蔵）」。
左から3人目笹村二朗副理事長、その右、野村義一理事長　その右、秋田春蔵副理事長（役職は当時）

アイヌ協会の設立とその活動

一九四六年二月二十四日、静内町（現・新ひだか町）において北海道各地のアイヌ約七百名の参加により、社団法人北海道アイヌ協会の設立総会が開催され、設立された。

北海道アイヌ協会の最初の大きな取り組みは、一、北海道旧土人保護法による「給与地」の返還及び農地改革からの除外要請活動と、二、新冠御料牧場の解放要請活動であった。琵琶湖より広大な御料牧場が開設される際、そこに居住していたアイヌは、数十キロ奥地に強制移住された歴史があり、解放運動はいわばふるさと復帰運動である。

しかし、度重なる要請にも関わらず、農地改革にともなう買収からの除外は認められず、「給与地」の多くは買収されてしまった。また、新冠御料牧場の解放は一部しか実現せず、給与地の返還及び農地改革からの除外要請運動は挫折した。そして、敗戦直後という社会全体の混乱期、厳しい民族差別状況などもあって、アイヌ協会は、ほどなく活動も停滞し開店休業状態に陥ってしまった。

一九五三年に国による同和対策が動き始めた。このような流れを敏感に感じ取った市町村と北海道が、全道のアイヌの状況を調査するなど行政のテコ入れがあったことが、北海道アイヌ協会再建の動機の一つになり、一九六〇年にいわゆる「再建総会」が開催され、再スタートを切った。翌一九六一年の総会で、社団法人北海道ウタリ協会と名称を変更した（ウタリとは同胞・仲間の意）。民族呼称でもある「アイヌ」であるが、この言葉が差別的に使われている状況下で、組織拡大を図るためには名称の変更もやむを得ない、というものであった（なお、二〇〇九年に再度、北海道アイヌ協会に名称変更した）。

一九六四年六月の総会において、理事長に野村義一（のむらぎいち）を選任。同年十月、協会事務局を北海道庁社会課に置き、事務職員一名を雇用し、組織としての体制を整え始めた。

一九七二年に北海道は、「北海道ウタリ生活実態調査」を実施し、そのデータをもとに七カ年計画の第一次ウタリ福祉対策を策定し、一九七四年から開始した。これらの施策の実施によって、アイヌの状況は一定の改善を見たが、根本解決には至らなかった。そこで、ウタリ協会は、一九八四年総会で、自立化基金、教育の振興、経済対策などを柱とする「アイヌ新法案」を満場一致で可決し、その制定要求活動を活発に展開した。また、国連などの先住民族に関する国際会議に毎年代表を派遣し、一九九二年国連総会での「世界の先住民の国際年」開幕式典で野村義一ウタリ協会理事長（当時）が、記念演説するなど国際世論にも訴えてきた。

一九九二年の参議院議員選挙で、アイヌの代表・萱野（かやの）茂（しげる）が社会党の比例候補名簿十一位で登載され、次点となり落選はしたが、一九九四年七月、繰り上げ当選し、アイヌ民族初の国会議員が誕生し、「アイヌ新法案」推進の大きな力となった。

一九九七年いわゆる「アイヌ文化振興法」が制定され、「アイヌ新法案」のごく一部であるが実現した。この法律の制定は、日本において初めて民族文化についての法律が制定されたという点で、画期的な変化ということができる。しかし、侵略抑圧・同化政策への反省謝罪がなく、先住民族との断定を避け、内容が文化のみに限定されたものであった。

そして、二〇一九年に同法を廃止し、新たにアイヌ施策推進法が制定された。アイヌの人々の自立を支援する地域振興の実施の取り組みを盛り込み、初めてアイヌを先住民族と明記し、アイヌ差別禁止も謳（うた）っている。

アイヌ民族運動の盛り上がり

米国の黒人解放運動の影響を受け、一九七〇年代以降、米国をはじめとする各国の先住民族解放運動が盛んになった。アイヌの個人や団体の海外交流が増えるとともに、その情報や活動のエネルギーを持ち帰るようになり、自らのアイデンティティを確立しようとするアイヌ民族活動が展開されるようになった。

一九六八年に行われた北海道百年記念祝典に前後して、開拓賛美の北海道開拓史観に抗議するアイヌの運動が盛んになり、旭川アイヌ協議会（一九七二年）、アイヌ解放同盟（一九七二年）、ヤイユーカラ・アイヌ民族学会（一九七三年）などが結成された。若いアイヌによる新聞『アヌタリアイヌ』（一九七三年）が発刊された。

首都圏でも関東ウタリ会（一九八〇年）、レラの会（一九八三年）などが結成されるなど北海道外でも盛んになった。

二〇〇一年、樺太（からふと）にルーツを持つアイヌにより、樺太アイヌ協会が結成され、強制移住先の対雁（ついしかり）で伝染病などでなくなった殉難者の供養祭への参加や、樺太アイヌの歴史に光を当てる活動などを行っている。

一九七七年に当時北海道大学経済学部長・教授の林善茂（はやしよししげ）

「アイヌ差別の授業した」

抗議の座り込み

林北大教授の回答要求

解放同盟

北大経済学部の北海道経済史の講義で、林善茂教授(五九)＝前経済学部長＝がアイヌを差別する授業をした、としてアイヌ解放同盟(結城庄司代表)は、この問題についての公開質問状を出していたが、期限を過ぎても回答がないため二十一日、結城さん(三九)が経済学部前で抗議の座り込みを始めた。

林教授への公開質問状は十四日に出されたもので❶講義中にアイヌの身体的特徴などをとらえた暴言を吐いたことに対し釈明せよ❷北海道経済史においてはどうしてアイヌの歴史を切り捨てるのか。アイヌ民族に納得のできる説明をせよ―など八項目にわたっており「アイヌ民族全体に対して誠意ある回答」を求めている。

座り込みは、この日正午から経済学部前の雪の上で始められた。「チャランケ。林教授は謝罪せよ」などと書かれた大きな看板のわきで、結城さんは防寒服に身を固め、テントを張っての長期闘争の構えで「回答が得られるまで一カ月や二カ月はここでがんばるつもりだ」と話しており、二十二日からは他の同盟員も座り込みに加わるという。学生の有志もビラをまいたり、テントづくりを手伝うなど、この座り込みを支持する動きを見せている。

アイヌ差別講義問題では、七月九日、学生が自己批判を要求し、林教授を教室内に軟禁、機動隊が導入されて学生三人が逮捕されている。また、林教授は八月十五日「病気」を理由に任期途中で経済学部長を辞任している。

雪の中で座り込みを始めたアイヌ解放同盟の結城さん

『北海道新聞』1977年12月21日夕刊（北海道新聞社）

昭和57年(1982年)9月16日(木曜日)

カムイよサケを！

100年ぶりアイヌの儀式復活

全道から長老ら170人

豊平川

歴史的な復活儀式を見ようと集まった人たちの前で行われた「アシリ チェプ ノミ」

サケをたくさん上らせて下さい」と祈る、アイヌ民族儀式「アシリ チェプ ノミ」（新しいサケ迎えの祈願）が、十五日午後一時から札幌市内の豊平川河畔で約百年ぶりに催された。この儀式は、アイヌが自由にサケをとった時代に全道各地のコタンで盛大に催されていたもので、千歳から参加した七十八歳のフチ（おばあさん）は「いろいろなところから集まったたくさんの人たちによって、たくさんの神々にサケの豊漁をお願い出来た。こんなうれしいことはない」と感激していた。

サケ迎えの復活儀式は、札幌市中央区南一三西一の豊平川河畔で、川面をバックに設けられたヌサ（祭壇）を前に、千歳、旭川、帯広、阿寒、弟子屈などから駆けつけた百七十人のアイヌの人たちが参加、赤々と焚火が燃える炉を囲んで行われた。

ヌサには、日本海でとれたばかりのサケのほか、コクワやベカンベ、ブドウ、イナキビ、コンブシト（ダンゴ）などの海の幸、山の幸が供えられ、神々や祖先にささげる削り立てのイナウも用意された。

儀式に先立って、祭司のひとり小田愛吉さん(七〇)=千歳市在住=が「サケが川を上って産卵し、われわれに食物や衣服を与えて死ぬという姿を子供たちに見せることで、自然を大切にすることを教えた」と「アシリ チェプ ノミ」の意義を説明、「今後は、毎年続けたい」と語った。

儀式は、この歴史的な復活行事を一目見たい、と集まった札幌市民ら約三百人の輪の中で始まり、まず、火の神に感謝、続いて、炉を囲んでいたアイヌの人たちがつぎつぎと立って、ヌサコロカムイ（ヌサの神）、ワッカウシカムイ（水の神）、シリコロカムイ（森の神）、トマリオルシカムイ（入江の神）、タンネウエシリカムイ（手稲山の神）など、十七の神々にイナウをささげ、「いまからサケの上る川を清潔にし不潔なものは川に入れない。コタンに海からサケをたくさんお恵み下さい」と誓い、祈った。

緊張した雰囲気の中で行われた儀式は約一時間半で終了。その後に婦人や子供を中心ににぎやかなウポポ（歌）やリムセ（踊り）が披露され、エカシ（おじいさん）やフチたちは、百年ぶりの儀式復活の感激を語り合っていた。

『北海道新聞』1982年9月16日（北海道新聞社）

によりアイヌ差別講義事件が起きている。アイヌ解放同盟代表の結城庄司（ゆうきしょうじ）などの不退転の抗議により、翌年一月に同教授は全面的に自己批判し、公開の場で謝罪した。

北海道大学医学部に、「学術研究」の名の下にアイヌ人骨が収集され、その収集経緯や粗雑な保管など問題が多いことが、一九八一年に明らかになった。これらの人骨は、北海道大学医学部の教授が中心となり、一九三四年から一九三八年にかけてと一九五六年に、各地から、発掘で収集されたものである。収集数は、千体以上であった。

一九八二年、ウタリ協会は北海道大学総長宛てに、（一）供養に誠意ある一連の措置を将来にわたっても行うこと、（二）地域が希望（遺族である個人も含む）する場合は返還することを要請し、納骨堂の建設と、人骨の返還を希望する場合には返還する旨の確認を得た。一九八四年七月納骨堂が完成し、同年八月関係者の協力により、第一回イチャルパ（供養祭）が実施され、以降毎年ほぼこの時期に実施されている。

人骨は、旭川など希望するところに一部返還された。それ以外は、他の大学などに保管されていたものも含めて、二〇二〇年、白老にオープンした国立の民族共生象徴空間（ウポポイ）内の慰霊施設に移管された。その前後して、裁判などを経て、地元に一部返還されている。

貝澤正（かいざわただし）（当時ウタリ協会副理事長）と萱野茂が、国を提訴した「二風谷ダム」裁判で、一九九七年、「アイヌ民族は先住民族に該当」との画期的な司法判断が示された。

アイヌ文化継承活動

一九七〇年代頃まで、アイヌ文化継承活動の取り組みは、差別的状況もあって、あまり活発なものではなかった。しかし、「大切な民族文化を絶やしてはいけない」という思いから始まった個々人の取り組みや、アイヌ協会などの組織的な取り組みなどによって、かろうじて文化継承の糸は切れずに残り、今、少しずつではあるが復興の兆しが見えている。

明治政府の一方的なサケ漁の禁止という政策により、アイヌが自由に捕ることはできなくなり、途絶えざるを得なくなっていた伝統儀式であるアシリチェプノミ（新しい鮭を迎える儀式）が、一九八二年に復活するなど、各地で伝統儀式が復活されていった。

一九八四年、「アイヌ古式舞踊」が国の「重要無形民俗文化財」に北海道で初めて指定された。さらに、二〇〇九年九月にユネスコ無形文化遺産代表リストに記載された。

主要参考文献

竹内渉『戦後アイヌ民族活動史』（解放出版社、二〇二〇）
結城庄司『チャランケ』（草風館、一九九七）

竹内渉（たけうち・わたる）
一九五四年埼玉県生まれ。北海道大学在学時にアイヌ差別講義問題に出会い、アイヌ民族「問題」を知る。札幌アイヌ文化協会創立に参画、元（公社）北海道アイヌ協会事務局長・常務理事。主な著書に『戦後アイヌ民族活動史』（解放出版社）、『北の風　南の風―部落、アイヌ、沖縄。そして反差別―』（解放出版社）、『野村義一と北海道ウタリ協会』（編著、草風館）などがある。

3

Kobayashi Miki
小林美紀
国立アイヌ民族博物館研究学芸部展示企画室研究主査

アイヌ語文の基本ルール

主語、目的語の表示のしかた

ことばを使ってコミュニケーションを取る場合、そこには一定のルールがある。ルールは言語ごとに異なっている。ここではアイヌ語と日本語・英語とを比較し、主語・目的語をどう表示するのか、文法上の相違点と類似点をわかりやすく解説する。

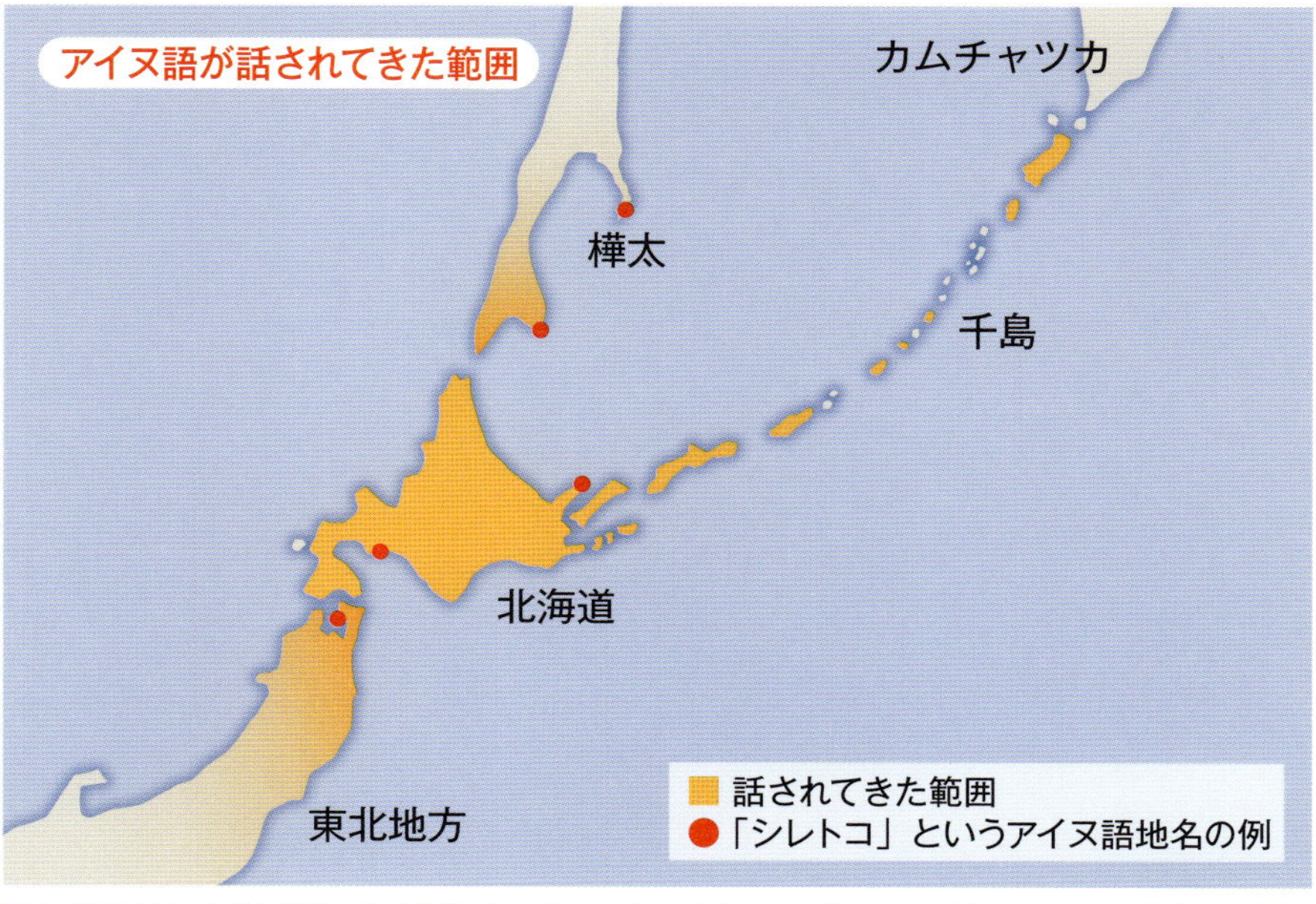

アイヌ語が話されてきた範囲。アイヌ語で名づけられた地名のひとつに「シレトコ」がある。「シレトコ」はアイヌ語で「地の先端」を意味し、陸地が突き出たような地形に付けられた　国立アイヌ民族博物館解説パネルを参考に作図

はじめに

ことばを使ってコミュニケーションをとるとき、お互いが伝えたいことを理解し合うため、そこには一定のルールがあり、話し手と聞き手はそのルールを共有している必要がある。ルールは言語ごとに異なっている。例えば、文の中心となるのは、動詞（V）と、主語（S）、目的語（O）である。主語や目的語といった文のなかでの役割をどのように表示するかは、言語ごとにさまざまな方法がある。ここではアイヌ語について、日本語や英語と比較してみていくことにする。

主語、目的語の表示のしかた―日本語の場合

日本語の場合、主語には「が」、目的語には「を」という格助詞を後ろに置くことによって示す方法をとる。

(1) 太郎が　花子を　叩く。

太郎の後ろに「が」が置かれ、花子の後ろに「を」が置かれることによって、太郎が主語であり、花子が目的語であることが示されるわけである。日本語の基本語順はSOVといわれるが、「が」や「を」を使う手段をとっているため、主語や目的語の順番が入れ替わったとしても、つまり、OSVになったとしても文の意味は変わらない。「花子を太郎が叩く」ということもできる。「太郎が叩く、花子を」といっても、若干滑らかさは欠けるかもしれないが、同じ状況を示す文と捉えることができるだろう。

主語、目的語の表示のしかた―英語の場合

一方、英語の場合は、単語を並べる順番でその関係性を示す。

(2) Taro hits Hanako.
太郎　叩く　花子
太郎が花子を叩く。

主語、動詞、目的語の順番に単語を並べるというルールがある（SVO）。Taroは、動詞hitsの前に置かれていることから主語であり、Hanakoは動詞の後ろに置かれることで目的語であることが示される。この文は「太郎が花子を叩く」という意味であるが、英語の場合は（2）のように、この順番に単語を並べることが重要であり、例えば、“Hanako hits Taro.”のように順番を入れ替えてしまったら、「花子が太郎を叩く」のように主語と目的語が全く逆の意味になってしまう。

主語、目的語の表示のしかた―アイヌ語の場合

アイヌ語の場合は、動詞が文の最後に置かれる。アイヌ語は、現在主にカタカナやローマ字で表記される。文法の説明をする際にはローマ字のほうが便利であるため、ここではローマ字で表記する方法をとる。

(3) Taro Hanako kik.
太郎 花子 ～を叩く
太郎が花子を叩く。

動詞が文の最後に置かれ、主語、目的語である名詞はその前にそのまま置かれる。日本語のように「～が」や「～を」に相当する要素はつかない。それでは英語のように語順によって主語、目的語が明確であるかというと実はそうでもない。日本語のように主語と目的語の順番が入れ替わることがある。つまり(3)は「太郎が花子を叩く」という意味にも「太郎を花子が叩く」という意味にもなる。どちらの意味であるかは、そのときの文脈から判断される。

一人称、二人称の場合

今まで述べてきた部分だけみると、アイヌ語の主語、目的語の表示のしかたは非常にシンプルなルールにみえる。しかし、これまでみてきたのは主語、目的語がともに三人称の場合であり、一人称（私、私たち）、二人称（あなた、あなたたち）の場合には別のルールがある。

主語が三人称、目的語が一人称の場合をみていこう。まず日本語の場合を考えてみると、日本語では、主語、目的語が三人称であっても、一人称、二人称であってもルールは変わらない。

(4) **太郎が私を叩く。**

「が」を主語の後ろに置くことでそれが主語であることを示し、「を」を目的語の後ろに置くことでそれが目的語であることを示す。そのため、両方が三人称のときと同様に、この順番を入れ替えても描写される状況に意味の違いは生じない。例えば、「私を太郎が叩く」のように言うことも可能だ。

英語では主語、目的語が三人称であるときと一人称、二人称であるときで違いがあるというより、人称代名詞であるときとそうでないときに違いがみられる。

(5) Taro hits me.
太郎 ～を叩く 私を
太郎が私を叩く。

語順は、（2）のような、ともに三人称の固有名詞のときと変わらず、SVOである。動詞の前に置かれるものが主語であり、動詞の後ろに置かれるものが目的語である。注目すべきはまずは目的語の部分である。人称代名詞でないときは、主語でも目的語でも形が変わらないのに対し、一人称「私」の場合、主語ではIという形だが、目的語ではmeとなる。（なお、動詞も主語が三人称の場合はhitsとなるが（いわゆる3単現のs）、主語が一人称二人称の場合はhitという形になる。）

アイヌ語の場合は主語、目的語が三人称のときと、一人称、二人称であるときは違いがみられ、一人称、二人称であるときは、動詞に人称接辞と呼ばれる接辞を付けることによって表現する。

(6) Taro en=kik.
太郎 私を=～を叩く
太郎が私を叩く。

en=という接辞が「私を」を意味しており、それを動詞の前に付けることによって表される（なお、人称接辞は方言によって違いがみられる。ここでは沙流(さる)方言を用いる）。主語、目的語がともに三人称の（3）のようなときは、順番を入れ替えることができるが、「私を」のen=は、動詞につく接辞という要素であり、動詞から切り離すことができないので、*en=Taro kikのように言うことはできない。（6）と主語、目的語を入れ替えた文は次のようになる。

(7) Taro ku=kik.
太郎 私が=～を叩く
太郎を私が叩く。

ku=という接辞が「私が」を表す。なお、ku=もen=と同じく接辞であるので、動詞と離れず、目的語である三人称がその前にくる。

なお、人称接辞は次の表のようになる。

一人称単数の「私」の場合、主語となる「私が」と、目的語となる「私を」は、ku=とen=という別の形で表示される。一人称複数「私たち」の場合は、さらに少し複雑である。表の一人称複数①をみると、目的語の「私たちを」は人称接辞un=であるが、主語の「私たちが」は、=asとci=がある。

沙流方言の人称接辞

		主語を表す人称接辞		目的語を表す人称接辞
		自動詞	他動詞	
一人称	単数	ku =		en =
	複数①	= as	ci =	un =
	複数②	= an	a =	i =
二人称	単数	e =		
	複数	eci =		
三人称				

なお、一人称複数②の接辞＝an, a＝は、「私たち」のほかの意味を表す用法もあるが、ここでは触れないこととする。

（8）Taro ci=kik.
太郎　私たちが=〜を叩く
太郎を私たちが叩く。

これまで見てきた文のように、主語、目的語が表れる他動詞の文の場合は、（8）のようにci=で「私たちが」を表す。それに対し、目的語が表れない自動詞文の場合は、（9）のように=asで「私たちが」を表す。

（9）apkas=as.
歩く=私たちが
私たちが歩く。

つまり、動詞が自動詞か他動詞かによって異なる形の接辞がつくのである。

二種類の私たち

アイヌ語では一人称複数「私たち」に実は二種類ある（表の一人称複数①と②）。例えば、「私たち一緒に帰ろう」というときと、「先に私たち帰る」というとき、このふたつはそれぞれ別の「私たち」となる。

（10）uturano hosippa=an ro!
一緒に　帰る（複）=私たちが　〜しよう
私たち一緒に帰ろう。

（11）hoskino hosippa=as.
先に　帰る（複数）=私たちが
先に私たち帰る。

２種類の「私たち」

イラスト／堺 由香

前者は私たちは＝anで表現されており、後者は＝asで表現されている。このふたつの違いは、聞き手が「私たち」に含まれるか否かである。前者は「〜しよう」という誘いかけの文であることからも、「私たち」に聞き手が含まれることは明らかだ。それに対して、後者は「あなたはまだ残っているけど」のような場面で使われ、聞き手が含まれていない。アイヌ語にはこのように二種類の「私たち」があるのだ。なお、このような「私たち」の区別は他の言語でもみられる（詳しくはWALS Online—Feature 39A: Inclusive/Exclusive Distinction in Independent Pronouns〔https://wals.info/feature/39A#2/18.0/149.6〕を参照。）

参考文献
田村すず子「アイヌ語」（亀井孝、河野六郎、千野栄一、三根谷徹、北村甫、南不二男、風間喜代三、西田龍雄、上村幸雄、松本克己、土田滋、上野善道編『言語学大辞典 第1巻 世界言語編（上）あ-こ』三省堂、一九八八）

小林美紀 こばやし・みき
国立アイヌ民族博物館研究学芸部展示企画室研究主査。博士（文学）。専門はアイヌ語、形態論。主な共著にHandbook of the Ainu Language（DeGruyter Mouton）、『ウアイヌコㇿ コタン アカㇻ ウポポイのことばと歴史』（国書刊行会）などがある。

4

アイヌ語のさまざまな方言と地方文化

Yamamaru Keni
山丸ケニ
公益財団法人アイヌ民族文化財団
ウポポイ（民族共生象徴空間）運営本部
文化振興部工芸課課長補佐

アイヌ語には方言がある。あいさつの言葉ひとつとっても言葉が違えば、文化が違うことがわかる。比較的資料の多く残されている北海道5地域と樺太のアイヌ語方言を紹介する。

北海道・樺太・千島・東北北部

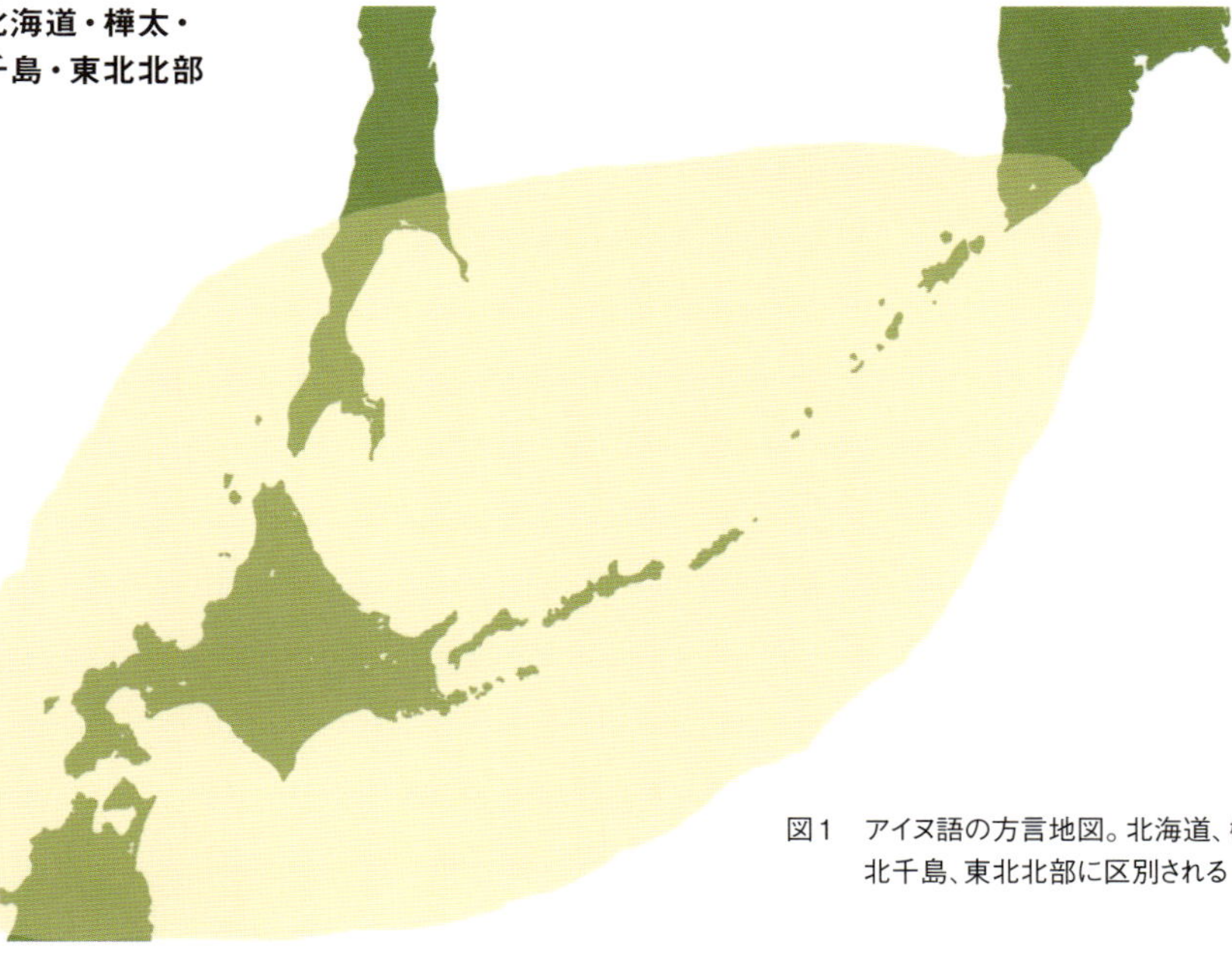

図1　アイヌ語の方言地図。北海道、樺太、北千島、東北北部に区別される

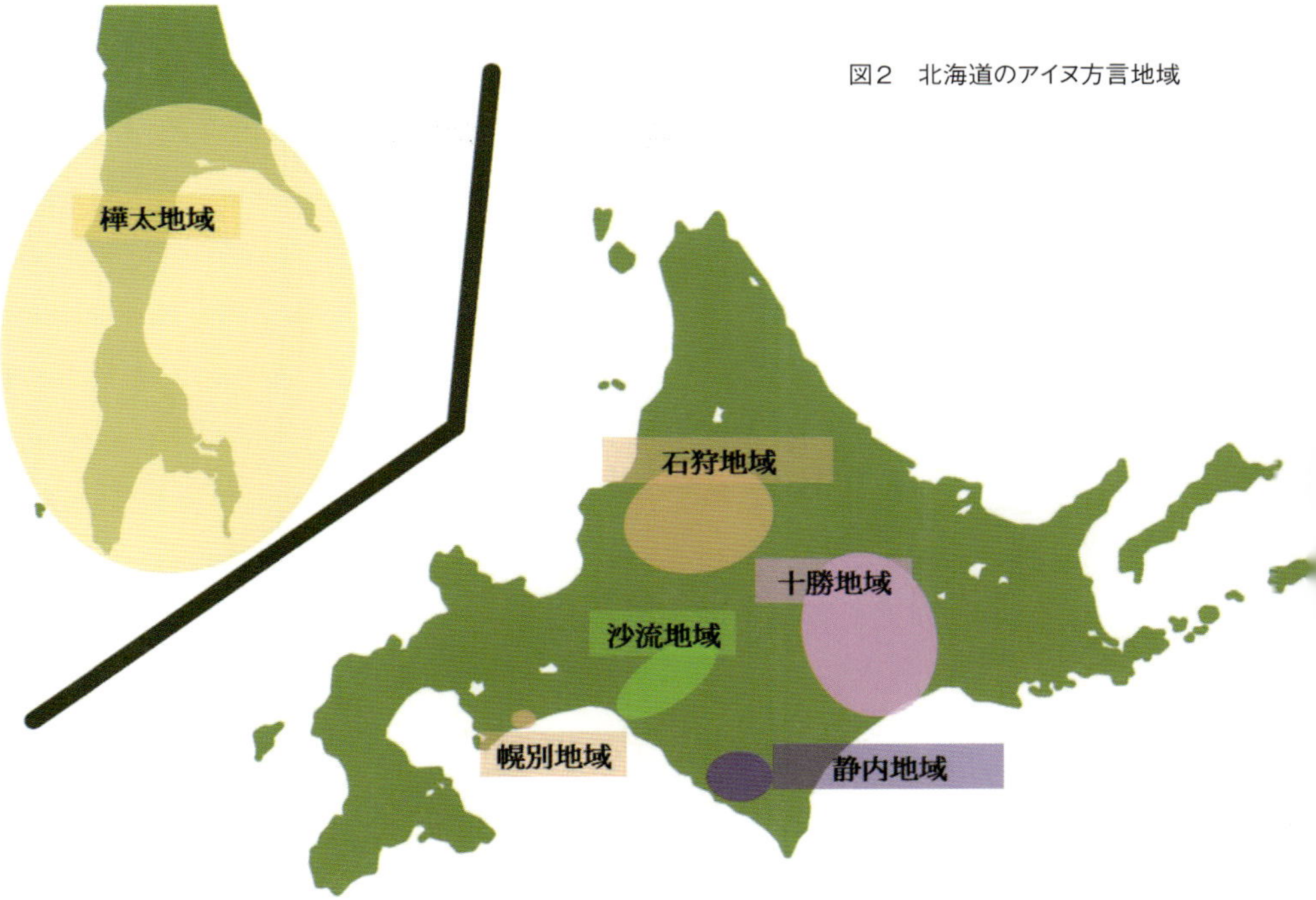

図2　北海道のアイヌ方言地域

方言

　アイヌ語には方言があり、北海道内だけをみても単語や文法に違いがある。例えば北海道に住む人なら「イランカラプテ」というあいさつの言葉を知っている人は多いのではないかと思う。しかし北海道内全域で使われてきた言葉かというとそうではない。地域によっては「イナンカラプテ」や「イアンカラプテ」、「イカタイ」や「イシオロレ」などといったあいさつの言葉があり、イランカラプテを使わない地域もある。また、イランカラプテが日本語のおはようやこんにちはのような気軽に使えるあいさつの言葉として浸透しつつあるが、もともとは男性同士が正式な挨拶の時に一定の作法を伴って使う言葉である。一方で樺太では気軽なあいさつ言葉として「イランカラㇵテ」を使う。このようにあいさつの言葉でも地域によって言葉も違えば文化も変わっていることがわかる。ここでは筆者のわかる限りアイヌ語の方言について紹介していく。

　アイヌ語は大きく、北海道、樺太（サハリン）、北千島、東北北部の4つに区別されている。（図1）

　そのうち、東北のアイヌ語は江戸時代あたりまで話し手がいたことはわかっているが、充分な記録が残らないまま地名に跡を残し、千島方言についても一九一〇年代を最後に記録が途絶え、話し手はそれ以降確認されていないといわれている。
北海道では全域で話されていたと思われるが、あまり記録されないうちに話し手がいなくなってしまった地域がいくつもある。ここでは記録の多く残されている地域から幌別（ほろべつ）方言、沙流（さる）方言、石狩（いしかり）方言、静内（しずない）方言、十勝（とかち）方言、樺太方言の特徴について触れる。（図2）
アイヌ語の方言差は日本語の方言差に比べると差ほど大きくないといえる。基本的な文法においては大きな違いはなく、どの方言でも同じ単語が使われていることもあれば、地域ごとにまったく違う単語が使われていることがある。
アイヌ語の特徴的な要素として人称接辞というものがある。主語や目的語が私（1人称）やあなた（2人称）の時、動詞の頭やお尻に、この人称接辞をつけて動詞を変化させることで動作をする者や受け手となる者を表す。主語が私やあなたの場合は人称接辞に大きな違いはないが、「私があなたに」という文になるとかなり違いがある。方言ごとの「私があなたに」という形も紹介する。

幌別地域

図３　幌別地域の位置

幌別方言
私があなたにこれをあげる
タンペ エコレアㇱ
tanpe e=kore=as
幌別方言ではエ○○アㇱと動詞をはさみ込むことで「私があなたに～」という文を表すことができる。
また、「私たちがあなたに」という文章もエ○○アㇱで表すが、「私があなたたちに」と「私たちがあなたたちに」という文はエチ○○アㇱとなる。また、物語などで使う文にはエ○○アンやエチ○○アンという形が出てくる。

図４
幌別方言での表現

幌別（図3　図4）

あいさつの言葉　イランカラㇷ゚テ クキナ

図3のあたりで話されるアイヌ語を幌別方言と呼んでいる。筆者の出身でもあり、「ウポポイ」民族共生象徴空間がある白老（しらおい）町の言葉も幌別方言と近いといえる。ただ、幌別方言の話者によると「白老方言は幌別方言とはいくらか違い、言葉が荒く、平取（びらとり）方言は優雅である」と述べている。
特徴を挙げるとしたら、他の地域と違う音の変化が見られる。例えば沙流方言で窓を「プヤㇻ」というが、この地域では「プライ」となる。（puyar の y と r が入れ替わり puray になっている）また、蜂を「ソヤ」というが、幌別方言では「ソヤイ」という。このような母音の後ろにyの音が挿

入される特徴がよく見られる。沙流方言「ウナ」幌別方言「ウイナ」など幌別と近い特徴を持つ八雲方言などがある。全道的におばあさんを「フチ」というところ、幌別を含む胆振西部から渡島の方言の特徴として、「フッチ」になる。

沙流（図5　図6）

あいさつの言葉　イランカラプテ

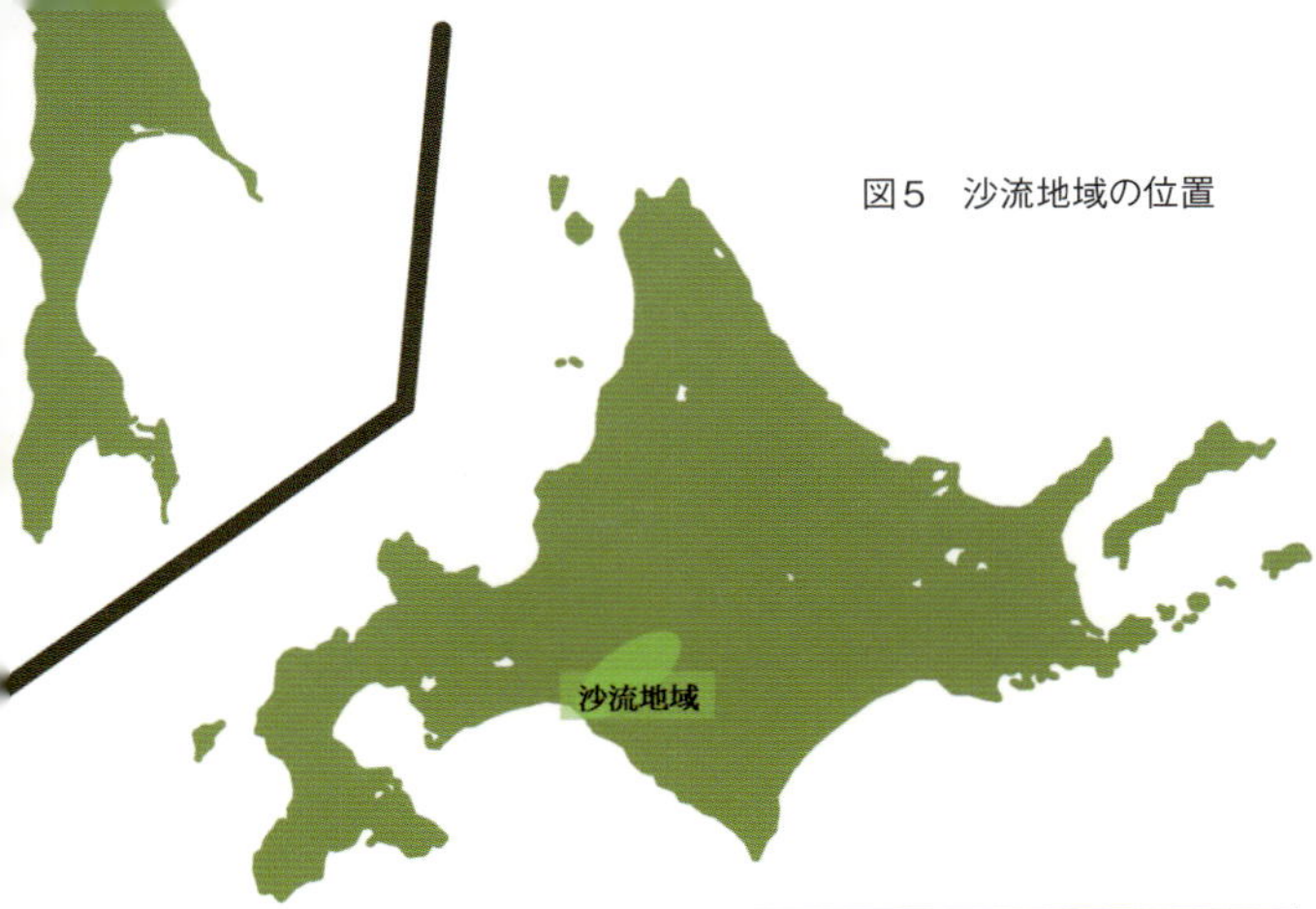

図5　沙流地域の位置

沙流方言
私があなたにこれをあげる
タンペ エチコレ
tanpe eci=kore
沙流方言ではエチを動詞の頭につけることで「私があなたに～」という文を表すことができる。アクセントの位置が動かないため、エチコレは最後のレであがる発音になる。
また、「私たちがあなたに」「私があなたたちに」「私たちが君たちに」という文章も全てエチ○○と表す。
また、これに

図6
沙流方言での表現

（席についてからの正式のあいさつ）

路上では　フチ　へ「老婆に」

クサポ　へ「姉に」などという

沙流川（図5）あたりで話されるアイヌ語を沙流方言と呼んでいる。さらに沙流方言といっても上流と下流によっても違いがある。

もっとも資料が多い地域といえ、学習者も多い。しかし、他の方言と比べてみると、この地域にしかない特徴がある。特徴を挙げるとしたら、主語が私（一人称単数）を表す人称接辞の時、他の方言では起きない音の変化が起きる。どの方言でも主語が私の時は動詞の頭に人称接辞のクを付けて動詞を変化させるのだが、沙流方言では、ア、ウ、エ、オの母音から始まる動詞の場合、クの母音が脱落し、動詞の母音と結びついて発音される。例えば、他の方言では私が来たという文は「クエク（ku=ek）」となるが、沙流方言では「ケク（k=ek）」となる。（人称接辞のkuの母音uが脱落し、k=ekとなる）また、千島、樺太を含む他の方言では行くという自動詞に「オマン」を使うが、この方言では「アラパ」を使う。そのため他の方言で私が行くという文は「クオマン（ku=oman）」となるが、沙流方言では「カラパ（k=arpa）」となる。

近い特徴を持つ千歳方言むかわ方言などがある。

静内（図7　図8）

あいさつの言葉　イアンカラプテ「お元気ですか」

男性どうしが道で久しぶりに出会ったときのあいさつ。イカタイ　しばしばイカタイ　イカタイ！のように重ねて使われる。男性が使ってもよいが、主に女性が使うとのことである。

図7あたりで話されるアイヌ語を静内方言と呼んでいる。

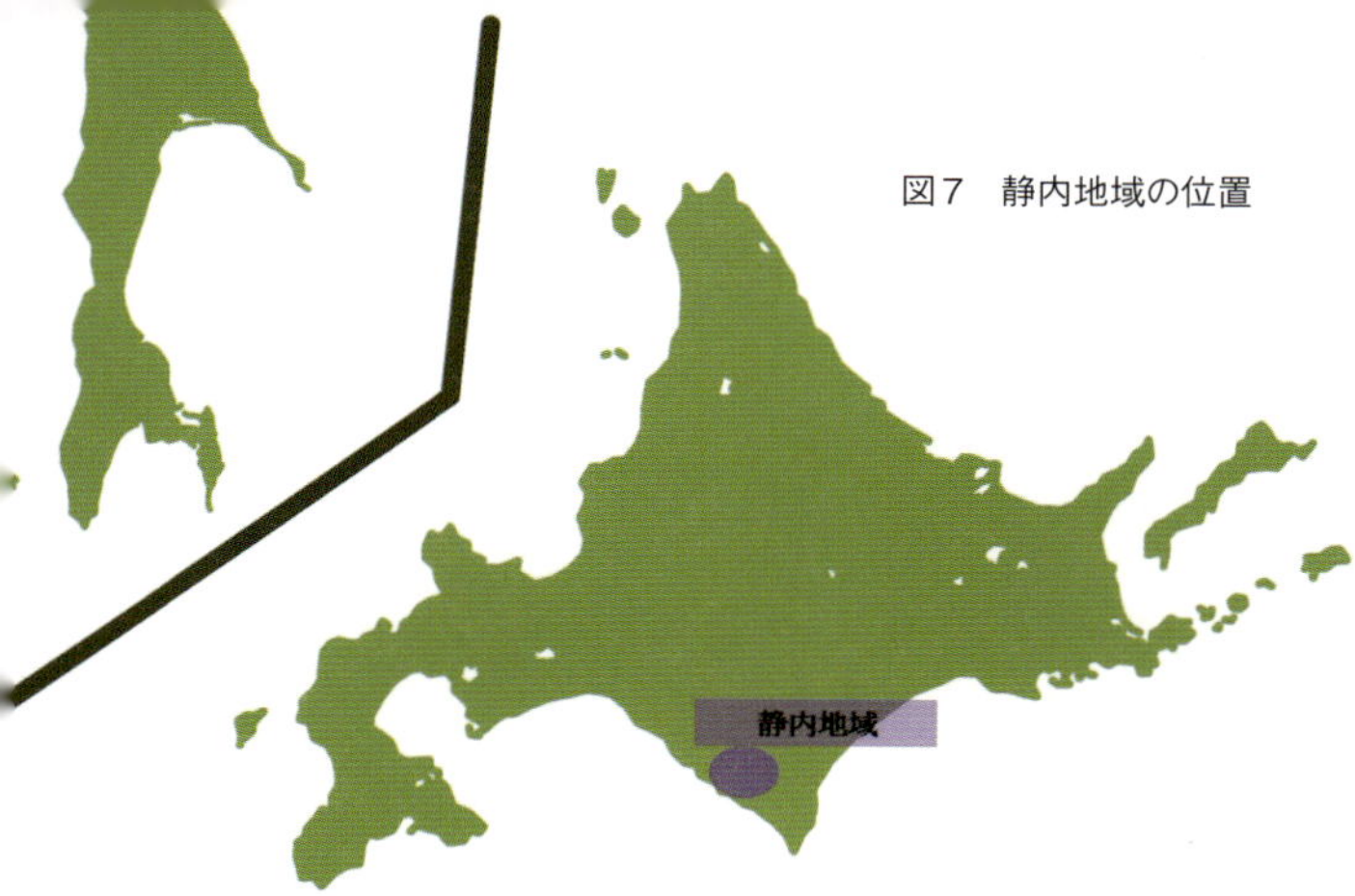

図7　静内地域の位置

静内方言

私があなたにこれをあげる

タアンペ アネコレ

tanpe an=e=kore

静内方言では動詞の頭にアネをつけることで「私があなたに～」という文を表すことができる。
「私たちがあなたに」もアネ○○だが、「私があなたたちに」「私たちがあなたたちに」はアネチ○○となる。
また、このほかに「私たちがあなたたちに」はエチ○○アンという形もある。

図8
静内方言での表現

特徴をあげるとしたら、アイヌ語にはアクセントのルールがあり、音の組み合わせによって音の上がる位置がある程度決まっているが、静内（しずない）方言はアクセントによる区別を持たない方言だといわれている。他にも美幌（みほろ）方言などもアクセントの区別を持たない。

他の方言では名詞の後ろに副助詞「へ」をつけると、〜か？という疑問文になるが、静内方言ではあまりいわないようである。かわりにネペタ「なんだって？」という間投詞がよく使われる。また、名詞の後ろに副助詞「エンタ」、あるいは「エンタ アナ」をおいて疑問文を作る。

タスㇺ　エンタ アナ？「病気か？」

エアㇺキㇼ　ウタㇻ　エンタ アナ？「おまえの知っている人たちか？」

また、他の方言では動詞の後ろに終助詞「ヤ」をつける疑問文があるが、こちらも静内方言ではあまりいわないようである。

静内方言でも細かな違いがあり、他の方言に比べて近い特徴を持つ浦河（うらかわ）や様似（さまに）などがある。

十勝（図9　図10）

あいさつの言葉　イナンカラプテ（しばらく会わなかった人に、昨日会った人等には言わない、入って来ると家の中の人と両方から言う）

帯広(おびひろ)を含めて図7のあたりで話されるアイヌ語を十勝方言と呼んでいる。

特徴を挙げるとしたら、他の方言と違う音の変化がみうけられる。糸の「カ」や、～の上を表す位置名詞の「カ」は他の方言と同じなのだが、助詞の末尾の「カ」は「カイ」になるという特徴が十勝より東の方言でみうけられる。例えばイヌやネコものように、～もを表す副助詞が「カイ」、～としても～という文と文をつなぐ接続助詞が「ヤッカイ」、～けれど～という接続助詞が「コロカイ」になる。

帯広方言　**クオマン アコロカイ シロハ**

幌別方言　**クオマン コロカ オハシラン**

どちらも「私は行ったけれど留守だった」

沙流方言　**カラパ アコロカ エイサㇺ**

「私は行ったけれどあなたはいなかった」

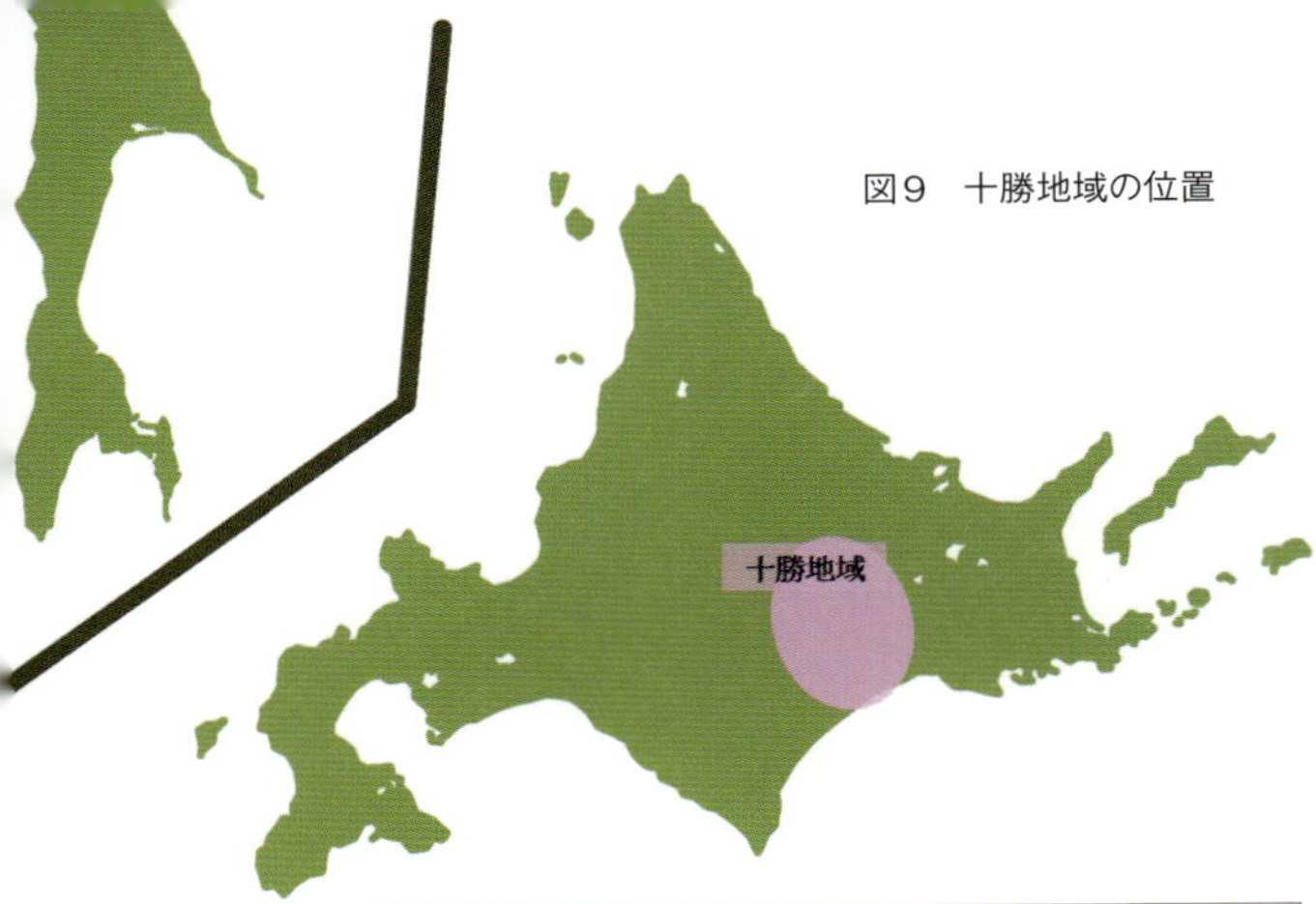

図9　十勝地域の位置

十勝方言

私があなたにこれをあげる

タアンペ エチコレアン

taanpe eci=kore=an

十勝方言ではエチ○○アンと動詞をはさみ込むことで「私があなたに～」という文を表すことができる。
また、「私たちがあなたに」「私があなたたちに」「私たちがあなたたちに」もエチ○○アンで表す。
また、「これ」がタアンペとなっている点も他の方言と違う。

図10
十勝方言での表現

石狩（図11　図12）

あいさつの言葉　**イランカラㇷ゚テ ナと言って男はウコオンカミ**（男性の礼拝の所作）、**女はウテクルイルイ**（互いに手を取り合って撫(な)でる）**する。**

挨拶のことばはない。

旭川(あさひかわ)を含む石狩川周辺で話されるアイヌ語を石狩方言と呼んでいる。特徴を挙げるとしたら、人称接辞になる。沙流方言や幌別方言では聞き手を含む私たちが主語の文で、なおかつ他動詞の場合は動詞の頭に人称接辞の「ア」をつけてア○○と変化させて表すが、石狩方言では「アン」を使い、「アン○○」となる。

幌別方言　**チェㇷ゚ アヌカㇻ**

石狩方言　**チェㇷ゚ アンヌカㇻ**

どちらも「私たちが魚を見る」

また、sやyではじまる他動詞につくと、アイ○○とい

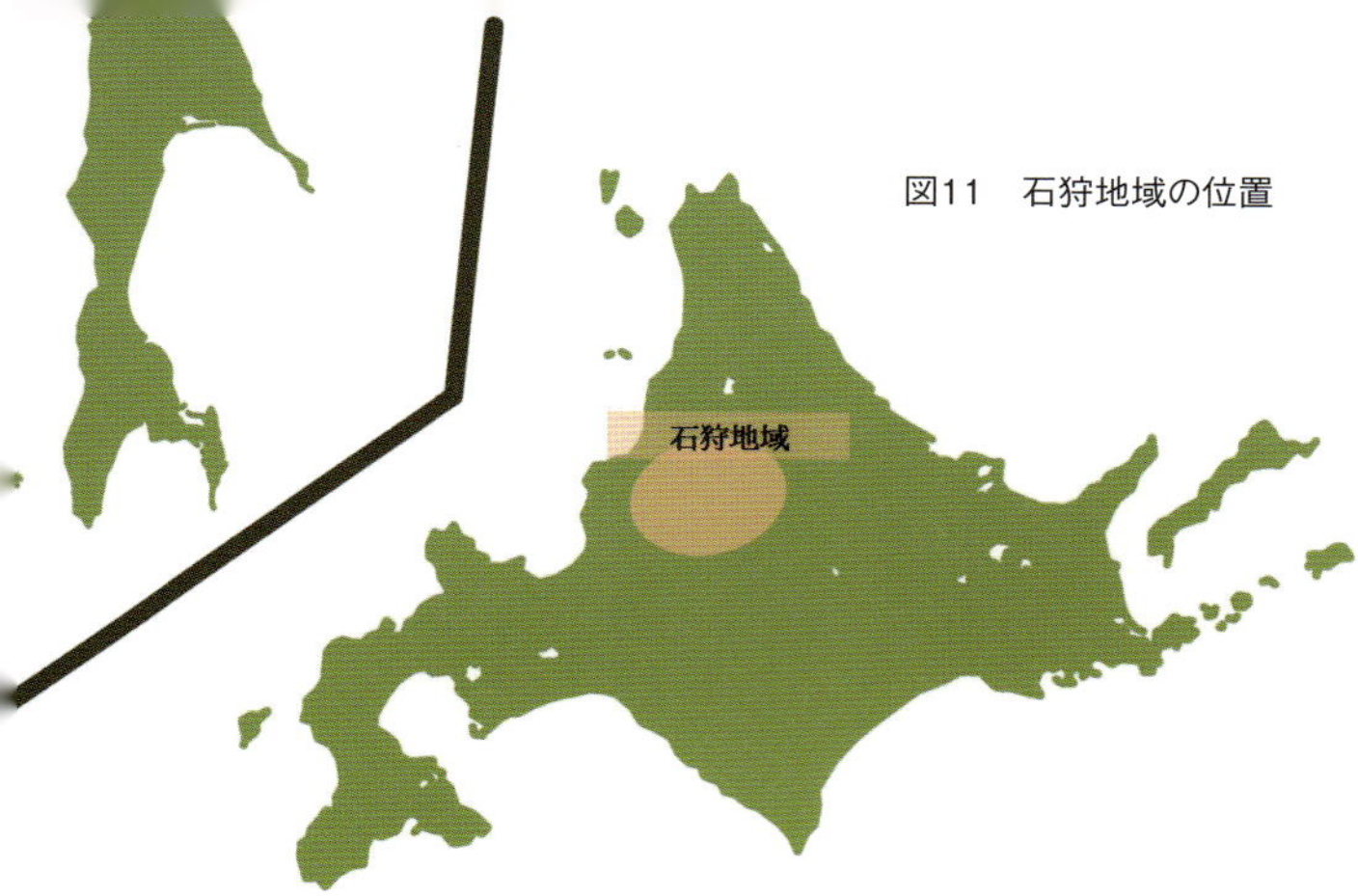

図11　石狩地域の位置

う音にかわり、wではじまる他動詞につくと、アウ〇〇という音にも変わる。

幌別方言　**カㇺ　アスイェ**
沙流方言　**カㇺ　アスウェ**
石狩方言　**カㇺ　アイスウェ**
　どちらも「私たちが肉を煮る」

アン〇〇という形は様似方言、釧路(くしろ)方言、樺太方言も同じで、十勝方言や静内方言でもしばしば使われる。沙流方言では決まった表現のなかで現われることもある。あなたたちを表す人称接辞も違い、他の方言では「エチ」を使うところ、石狩方言ではが「エㇱ」となる。

幌別方言　**チェㇷ゚　エチヌカㇻ**
石狩方言　**チェㇷ゚　エㇱヌカㇻ**
　どちらも「あなたたちが魚を見る」

石狩方言

私があなたにこれをあげる

タンペ　エコレアン
tanpe e=kore=an

石狩方言ではエ〇〇アンと動詞をはさみ込むことで「私があなたに～」という文を表すことができる。
また、「私たちがあなたたちに」はエ〇〇アㇱ、「私があなたたちに」はエㇱ〇〇アㇱ、「私たちがあなたたちに」はエㇱ〇〇アンと表す。
幌別方言では、日常で使う時と物語などで使う時で違いのあった「エ〇〇アン」と「エ〇〇アㇱ」が、石狩方言では主語の数によって違う点が興味深い。

図12
石狩方言での表現

樺太（図13　図14）

あいさつの言葉　イランカラㇵテ

樺太方言は北海道の方言に比べて差がかなりある。そのため、樺太アイヌ語とわけられて考えることもある。また、樺太アイヌのなかでも西海岸と東海岸、南と北で少し言葉が違うという認識がある。

特徴をあげるとしたらこの方言にしかない音が母音の後ろにたつ。カタカナでは小さいㇵ行で表す軽く息を吐くだけの音でイの後ろに立つ場合、シの者に近く発音される。

樺太方言　**チェㇸ「魚」**　**チㇱ「舟」**
北海道　**チェㇷ゚「魚」**　**チㇷ゚「舟」**

禁止や否定の副詞も他の方言とは違う言葉を使う。

例えば、行くな！という禁止の文はハンカ オマン！という。幌別方言ではイテキ オマン！　沙流方言ではイテキ アラパ！となる。

私は行かないという否定の文ではハンネヘカ クオマンという。幌別方言では、ソモ クオマン 沙流方言ではソモ カㇻパとなる。

さいごに

これまで挙げた方言以外にも、道央、道北の名寄(なよろ)や宗谷(そうや)、道東の美幌(びほろ)や釧路、白糠(しらぬか)もそれぞれその特徴を持ち資料も残されている。ここで触れたそれぞれの特徴は、ほんの一部でありすべてではない。どの方言もまだわからない部分もたくさんある。記録が多い方言もあれば、あまり記録されないまま話し手がいなくなってしまった方言もある。また、記録が多くある方言であっても他の方言にはない特徴を持っていることがあるため、記録の多い方言を標準語として考えることもできないし、標準語が必要というわけでもない。

方言の違いを通してアイヌ語の多様性や奥深さを感じていただきながら、アイヌ語の学習に役立てていただければ幸いである。

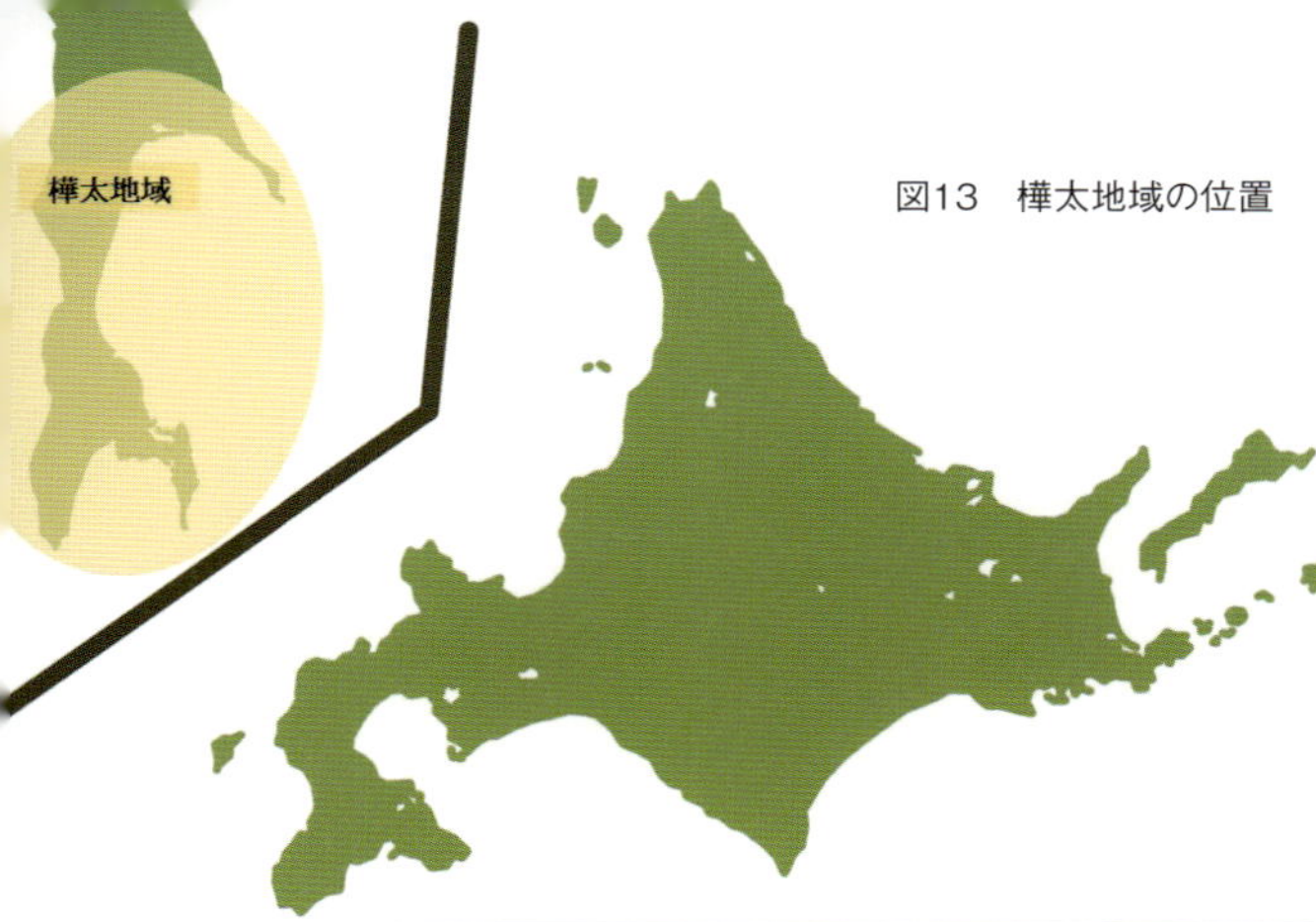

図13　樺太地域の位置

樺太方言

私があなたにこれをあげる

タハ エチコンテ

tah eci=konte

樺太方言ではエチを動詞の頭につけることで「私があなたに～」という文を表すことができる。「私があなたたちに」という文ではエチ○○アンとはさみ込む形を使う。
また、「私たちがあなたに」はアネ○○、「私があなたたちに」はエチ○○アン、「私たちがあなたたちに」はエチ○○アンとなる。

図14
樺太方言での表現

参考・引用文献

服部四郎　一九六四「アイヌ語方言辞典」岩波書店

服部四郎 知里真志保　一九六〇「アイヌ語諸方言の基礎語彙統計学1）的研究」

財団法人アイヌ民族文化財団（監修）児島恭子（増補改訂監修）二〇一八「増補 改訂アイヌ文化の基礎知識」草風館

公益財団法人アイヌ文化振興・研究推進機構　二〇一二、二〇一三、二〇一四「中級アイヌ語（幌別、沙流、静内、十勝、石狩川、カラフト）」

石井米雄・千野栄一　二〇〇四「世界のことば・出会いの表現辞典」三省堂

山丸ケニ　やままる・けに

一九九四年白老生まれ。現在はイラストを用いながらアイヌ語の豊かな世界観を伝えている。ウポポイ（民族共生象徴空間）では、職員としてアイヌ語に関わる業務を行い、プログラムなどを開発、実施している。ウポポイ園内の屋外テントや自動販売機、プログラムで使用する備品のイラストも手掛ける。このほかにアイヌ語教室の講師なども務める。
ケニとは、地面から出てくる木や草の芽を指すアイヌ語である。

5

多様な分野に進出するアイヌ

伝統歌・舞台表現・現代美術

Hachiya Mai
アーティスト
八谷麻衣
マユンキキ

アイヌはけっして過去の存在ではない。そして、アイヌ文化も伝統的な世界にとどまらず、表現者の活躍の舞台は多岐にわたっている。アイヌの伝統歌を歌う「マレウレウ」などのメンバーであり、現代美術作家でもある筆者が、自身の活動を中心にアイヌの表現活動を紹介する。

Ikon Galleryでのオープニングパフォーマンスの様子
Photographer Tegen Kimbley, courtesy of Ikon Gallery

マレウレウの三人　　写真／池田宏

はじめに

アイヌ自身がおこなっている表現活動は伝統的な舞踊や歌、工芸だけにとどまらず、美術やデザイン、舞台表現など、多岐にわたる。それは最近拡がっていったのではなく、脈々と続いていることである。「アイヌ・アート」などと括られる以前から、砂澤ビッキや床ヌブリ、川村則子など、さまざまな作家が作品を世に出し評価されている。音楽でいうと、一九八一年結成のアイヌ詞曲舞踊団モシリ、九五年にKamuy Kor Nupurpeを発表したトンコリ奏者のオキなど、二〇〇〇年以前から精力的に活動しているミュージシャンも複数いる。

ここでは表現者である筆者のこれまでの活動や作品について、自らが経験し、感じたことを紹介していく。

伝統歌をそれぞれの今の声で歌う

まずは「マレウレウ」を紹介したい。

マレウレウはアイヌ語で蝶を意味する、アイヌの伝統歌を歌うグループである。現在のメンバーはレクポ、川村久恵、そして筆者であるマユンキキの三人。リーダーのレクポがオキのレコーディングやライブに参加したのをきっかけに結成され、二〇〇八年頃からマレウレウとして単体で

hoshifuneとアペトゥンペによるアイヌ影絵の様子

のライブ活動やCDリリースを開始し、現在に至るまで国内外でゆるやかに活動を続けている。これまで残されてきたアイヌの音声資料のなかの歌は、歌い手が高齢なことが多く、若い世代の歌声があまり残されてこなかった。そのため、音源のような声を模して歌う若い歌い手もいるが、マレウレウはメンバーそれぞれがその時々の声を生かし、無理に昔の音源の歌声に寄せずに歌っている。そうすることで、メンバーの加齢と経験での変化が明らかになる。声は年齢とともに変化していくものなので、その様子を録音し、残していくことも、マレウレウの活動としてとても重要なことの一つである。近年ではレクポとマユンキキの姉妹ユニット「アペトゥンペ（アイヌ語で蛾）」としても活動している。

舞台表現としての「アイヌ影絵」

二〇一一年にオキが演出家のラリー・リード、バリ仮面舞踊家の小谷野哲郎（こやのてつろう）らとともに作り上げた「ポロ・オイナ〜超人アイヌラックル伝」では、オキが原案と音楽を担当し、アイヌの伝統的な物語と美しい影絵を見事に融合させた。二〇一一年以降も日本各地、そしてアメリカでの公演も果たした。このアイヌ影絵を制作していくなかでもっとも肝要だった点は、作品の中身を考えていく中心がオキだったことだ。伝統的な物語をオキ自らの新たな視点で構築し、和人のコントロールを受けることなく作り上げていった。それは、アイヌに向けられる理想や羨望、そして支配からの開放に繋がる築き方であったといえるだろう。

二〇二二年からは小谷野哲郎とわたなべなおかによるユニットhoshifuneとアペトゥンペの二組で新たなアイヌ影絵の公演をウポポイ（民族共生象徴空間）はじめ、道内外で続けている。こちらは私が原案を出し、hoshifuneの二人とともに構成して作り上げている。ただ鑑賞するだけではなく、観客も巻き込みながら進むストーリー展開、本番中なのにも関わらずアペトゥンペの二人が思わず笑ってしまうような即興性の高い台詞回し、アペトゥンペの歌声に包まれながら夢と現（うつつ）の間を行き来するような空間はこの組み合わせならではのものである。

現代美術のフィールドで

私は二〇二〇年にオーストラリアのシドニーでおこなわれた第二十二回シドニー・ビエンナーレ「NIRIN」に作品を出展して以来、国内外で作品を発表し続けている。すべての作品の紹介は文字数的に難しいので、札幌とイギリスでの個展の作品について記していく。

「シンリッ　アイヌ女性のルーツを探る出発展」（CAI03、札幌）

二〇二一年一月に札幌にあるギャラリーで初の個展を開いた。タイトルは「シンリッ　アイヌ女性のルーツを探る出発展」というもので、アイヌ語タイトルは「Sinrit teoro wano aynu menoko sinrici a=hunara」とつけた。これは直訳すると「ここからアイヌ女性のルーツを私たちが探す」となる。アイヌの「シンリッ」は「植物の根」「祖先」という意味をもち、現代日本に生きる私が育ってきた環境、家族、そして自分自身の「シンリッ」を探ることをテーマにして制作した。両親、姉、義兄、幼なじみの五人にそれぞれ同じ五つの質問（一、名前、生年月日、職業、私との関係性／二、私と出会うまでの話／三、私と出会った頃と現在の状況の変化／四、私との共通点、相違点／五、私の活動に対してどう感じているか、今後何を望むか）をし、それに回答してもらう映像、その映像から抜き出したテキスト、そして私が生きるうえで大切な要素となっている事柄に関してのテキストで構成され、直接的にアイヌとしての何かを言及しなくとも、回答や私の文章のなかには「私がアイヌである」という、何をしても着脱することのできない紛れもない事実が浮き彫りにされた。

「SIKNURE - Let me live」
（IKON Gallery、バーミンガム）

二〇二二年九月にはイギリス、バーミンガムにて初めての海外での個展を開いた。タイトルの「SIKNURE」とはアイヌ語で「〜を生かす」「〜を生き延びさせる」という意味を持ち、オックスフォードにあるピットリバース博物館が収蔵しているアイヌの民具を借り、それぞれに私個人の視点でのキャプションを追加し、そのすぐ近くに私が作った／思い入れのある同じ民具を並べた。そのほかに私の親しい人たちに「それぞれが生きやすい世界とは」という質問を投げかけたReborn-Art Festival2021-2022の際に制作した映像作品、そして、父と「父がどうすればアイヌとして後悔なく死ぬことができるか」という対話をする新作の映像作品を展示した。父との映像は、父自身は自分がアイヌであるということに誇りを持ち、堂々と生きてきていたが、日常に追われ、アイヌとして学ぶべきことを学んでこなかったということへの後悔を少しでもなくすために、アイヌがアイヌとして生きるために必要だと「思い込まされている」呪いを解くためには一体どうしたらいいのか、娘として、一人のアイヌとして、父という一人のアイヌの生き方、そして死に向き合うものであった。

この個展では、オープニングパーティーでの演奏のために、ここ数年共に制作している岐阜出身のベーシストである廣瀬拓音（ひろせたくと）をバンマスに、初対面のイギリス在住の様々なルーツを持つミュージシャンたちと新たなバンドを結成した。このバンドは翌年にはイギリスツアー、そして今年は来日公演を果たした。これをきっかけに廣瀬とは西瓜兄妹というユニットを組み、実験的なセッションを続けている。

おわりに

『美術手帖』二〇二四年七月号「先住民の現代アート」という特集のなかで、マユンキキ、宇梶静江、藤戸康平が作家として取り上げられたほか、コラムや論考でもアイヌの研究者の言葉が掲載されていた。アイヌとしての特集ではない雑誌のなかで、アートを起点として複数人のアイヌが紹介されたこと自体は喜ばしいことだろう。

しかし、いつまで「注目されてこなかった」アイヌの表現を「世界の潮流にのって」「注目すべきもの」として扱うのか。これまで注目してこなかったのは一体誰なのか、そして誰によって注目されることが「名誉」とされているのか、アイヌを扱いたい側の人間も、扱われる側のアイヌ

Ikon Galleryでの展示風景（Mayunkiki Siknure - Let me live, Ikon Gallery, 2022）
Photographer Stuart Whipps, courtesy of Ikon Gallery.

自身も、隠された不均衡や違和感に気づき、考えていく必要がある。私自身、さまざまな依頼が来るなかで「先住民女性作家」というチェックボックスにチェックをするために選ばれたんだろうと感じることが、特に国内では少なからずある。表現活動をするアイヌがそう感じさせられてしまっている現状を、これを読む読者には知っておいてもらいたい。

八谷麻衣／マユンキキ　はちや・まい／まゆんきき
アイヌの伝統歌を歌う「マレウレウ」「アペトゥンペ」のメンバー。2021年よりソロ活動開始。2018年より、自身のルーツと美意識にまつわる興味・関心からアイヌ女性の伝統的な文身「シヌイェ」の研究を開始。現代におけるアイヌの存在を、あくまで個人としての観点から探求し、表現している。2020年には、第22回シドニー・ビエンナーレ「NIRIN」に参加、それ以降現代美術としての表現活動も行っている。

アイヌ語文字資料論

Kuzuno Daiki
葛野大喜
北海道大学大学院文学院博士課程一年

アイヌ語への言及は決まって「文字がない」というフレーズから始まる。しかし、断片的なものを含めればアイヌ語が書かれる歴史は日本語と同程度に古く、アイヌ自身が文字を用いる歴史も二〇〇年に達している。

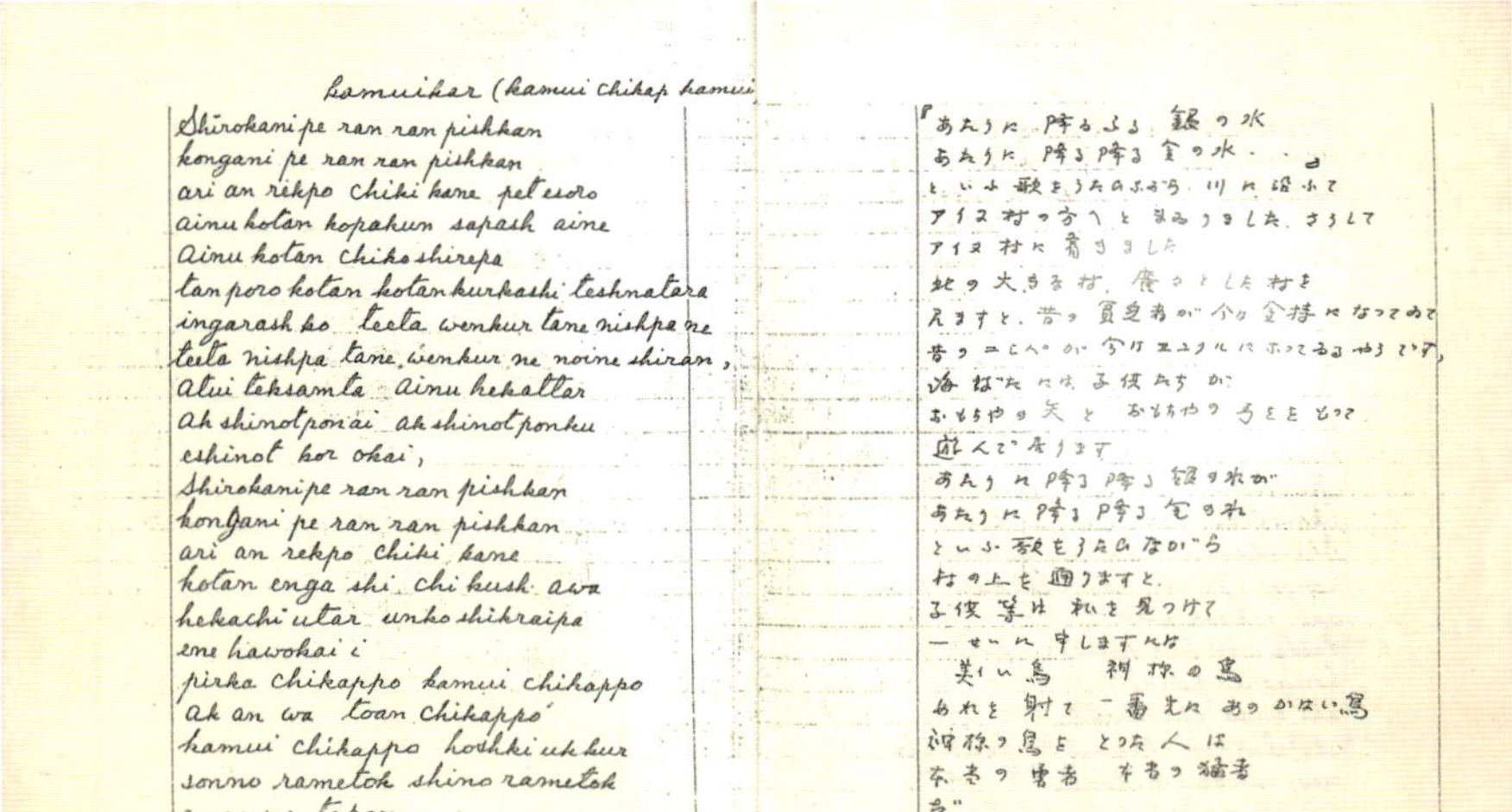
kamuikar (kamui chikap kamui
Shirokanipe ran ran pishkan
kongani pe ran ran pishkan
ari an rekpo chiki kane pet esoro
ainu kotan kopakun sapash aine
Ainu kotan chikoshirepa
tan poro kotan kotankurkashi teshnatara
ingarash ko teeta wenkur tane nishpa ne
teeta nishpa tane wenkur ne noine shiran,
Atui teksamta Ainu hekattar
Ak shinotponai ak shinotponku
eshinot kor okai,
Shirokanipe ran ran pishkan
kongani pe ran ran pishkan
ari an rekpo chiki kane
kotan enga shi chi kush awa
hekachi utar unkoshikraipa
ene hawokai i
pirka chikappo kamui chikappo
ak an wa toan chikappo
kamui chikappo hoshki ukkur
sonno rametok shino rametok
ne ruwe tapan
hawokai kane

『あたりに降るふる銀の水
あたりに降る降る金の水.
といふ歌をうたひながら川に沿ふて
アイヌ村の方へとまゐりました. さうして
アイヌ村に着きました
此の大きな村, 廣々とした村を
見ますと, 昔の貧乏者が今の金持になつてゐて
昔の二しへ°が今は工ユクルになつてゐるやうです,
海ばたには子供たちが
おもちやの矢とおもちやの弓をとつて
遊んで居ります
あたりに降る降る銀の水が
あたりに降る降る金の水
といふ歌をうたひながら
村の上を通りますと.
子供等は私を見つけて
一せいに申しますには
美しい鳥 神様の鳥
あれを射て一番先にあのかはい鳥
神様の鳥をとつた人は
本当の勇者 本当の猛者
だ
と

「知里幸恵ノート」1より「Kamui yukar (kamui chikap kamui)」。アイヌ自身がアイヌ語で書いて刊行された初めての書籍『アイヌ神謡集』の第一話「梟の神が自ら歌った謡「銀の滴降る降るまわりに」」に相当する（『復刻版「知里幸恵ノート」』、知里森舎）

アイヌ以外によるアイヌ語の文字化と研究

アイヌ民族によって口承されてきたアイヌ語が文字にされたもっとも古い記録は、一五九〇（天正十八）年から二年間の調査を行ったポルトガル人イグナシオ・モレイラによる「アイノモソリ Ainomoxori」と「レブンクルRebuncur」の二語である。ここでは土地の名前でアイヌ（アイノ）という語が既に出現しているが、和人からは夷や狄や蝦夷などと書かれた。

江戸期には和人によるアイヌ語の記録が行われ、当時の語彙が多く残された。初期はひらがなと変体仮名を併用する表記、後期にはカタカナや半濁音「゜」も使用した「ド、ヅ」なども見られた。初期の寛永年間（一六二四〜一六四四）に成立したと思われ、世界最古の蝦夷語彙とも紹介された「松前ノ言」ではアイヌ語で濁点を表記した例が六例（「本゛ろ」「志やら遍゛」「たぐう」「びる可」「び志」「ゑとぶ」）見られる。

成立年代がはっきりした最古のものは、一七〇四年（宝永元）に仏閣・神社への納経及び仏神の勧請のため訪れていた正光空念上人が記録した「狄言葉」がある。日本語見出しではカナも見られるが、アイヌ語表記はひらがなと変体仮名で記しており、「春ハ　者い可類（今日の表記では「パイカㇽ」）」「火ヲハ　あ遍゛（今日の表記では「アペ」）」などと書いた。

江戸後期のアイヌ語資料のなかで上原熊次郎による「藻汐草」（一七九二）は、約二七〇〇語のアイヌ語を収録したもので、この「藻汐草」を基に多くの写本・類本が作られるほど優れた資料であった。ここではほとんどがカナ表記になり、tu音を「ツ゚」、p音を「プ」などと日本語とアイヌ語の音の違いがわかるよう工夫して書かれた。

イギリスの宣教師ジョン・バチェラーは一八七七（明治十）年に来日し、アイヌへのキリスト教の布教とアイヌ研究に没頭した。バチェラーはアイヌ語の表記にヘボン式ローマ字を用いている。和人が漢字やかなを用いたようにアルファベットを用いることは英語話者であるバチェラーにとって自然なことであった。

アイヌ語は有声音と無声音（いわゆる清濁）の区別が無いため、現在では無声音で統一して書かれることが多い。これに対し、バチェラーは「p,t,k」音を時には「b,d,g」と書いている。チャ行音に用いる「c」音は常に「ch」と書いている。サ行音に用いる「s」音は「si」音を「shi」と書く他は「s」と「sh」のどちらも用いている。「r」で終わる音節は「arki」を「araki」や「ariki」と書く例のように母音を後続させて書いている。語中や語末の「y,w」音は「i,u」と書いている。例えばkamui（神）、pause（狐の声）などがある。

金田一京助は、ヘボン式ローマ字表記とカナ表記を用いた。ローマ字表記では「b,d,g」の濁音をやめて清音で書いている。音節末のカナ表記において「プ、ッ、ク、ム」で書く慣例は永田方正の『北海道蝦夷語地名解』（一八九一）頃からあり、金田一はそれに加え「-s」音を「シ、ス」で書いた。「we,wi,wo」音を「ヱ、ヰ、ヲ」と書き、「ye」音は「イェ」であった。

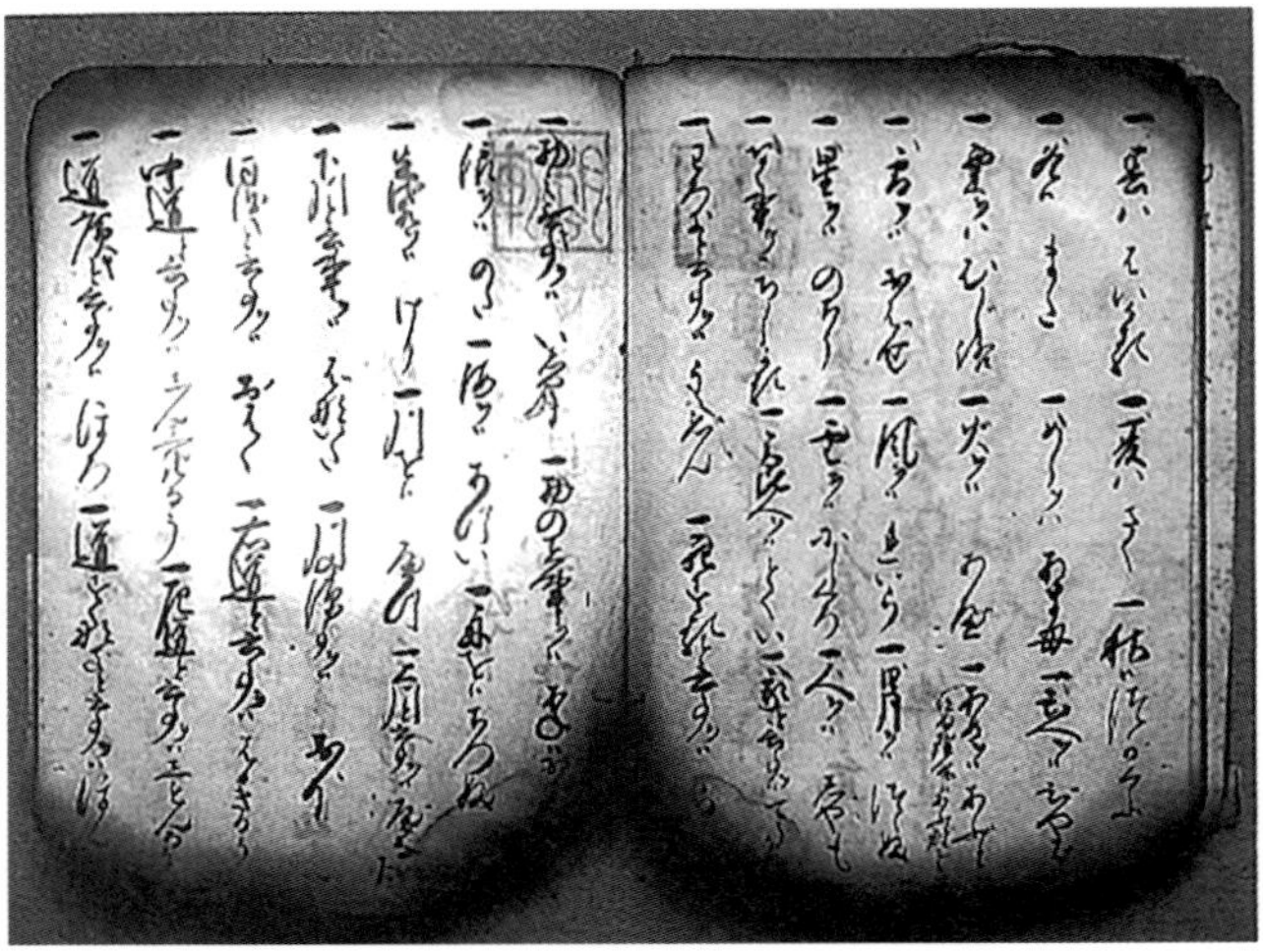

一、春ハ　はいかる　一、夏ハ　さく　一、秋ハ　つがくふ
一、冬ハ　また　一、めしヲハ　あまも　一、ひへヲハ　ぴやば
一、粟ヲハ　むじろ　一、火ヲハ　あべ　一、あめヲハ　あぷと
但雨降所ハあふとめしと云
一、雪ヲハ　おばせ　一、風ヲハ　れいら　一、日月ヲハ　つゝふ
一、星ヲハ　のちう　一、雲ヲハ　にしくろ　一、人ヲハ　しやも
一、なく事ヲハ　ちしかる　一、今此人ヲハ　とくい　一、我と言事ヲハ　てうかい
一、わろきと云事ヲハ　うゑん　一、死すると云事ヲハ　らい
一、物之無キ事ヲハ　いしやま　一、物の在事ヲハ　あねハおかひ
一、浪ヲハ　のた　一、海ヲハ　あつい　一、舟をハ　ちつふ
一、足袋ヲハ　けり　一、川をハ　へつ　一、上川と云事ヲハ　ぺないた
一、下川と云事ヲハ　ばないた　一、川の深事ヲハ　おほ
一、同浅キと云事ヲハ　おはく　一、右道と云事ヲハ　はるきるう
一、中道と云事ヲハ　しんしきるう　一、左道と云事ヲハ　しもんるう
一、道広キと云事ヲハ　ほろ　一、道すくなきと云事ヲハ　ほん

記録年が明確（1704年）な語彙集としては最古の資料「狄言葉」。ひらがなと変体仮名の併記が特徴的

國東利行（2010）『廻国僧正光空念師　宝永元年（1704）松前・蝦夷地納経記　付アイヌ語集』：194–195、北海道出版企画センター

アイヌ自身によるアイヌ語の文字化と表記法

樺太アイヌの千徳太郎治（一八七二～一九二九）は、一九〇六年付けの書簡三通をブロニスワフ・ピウスツキ宛てに残しており、ここではキリル文字によるアイヌ語表記

がなされた。

北海道では知里幸恵（一九〇三〜一九二二）が、金田一京助にアイヌ語の記録を勧められてからローマ字を習い、『アイヌ神謡集』（一九二三）を執筆した。これはアイヌ自筆のテキストが初めて出版された本であった。

またローマ字をアイヌ語に適した表記に正しており、pirika、Ainurakkuru というように r 音が母音を伴って表記されていたものを実際の発音に合わせた子音だけの表記（pirka. kur など）に改めた。アイヌ自身の目線でアイヌ語の文字化を行ったからこその早い段階での指摘であり、研究にも大きく寄与した事例の一つであろう。

知里幸恵の叔母である金成マツ（一八七五〜一九六一）は、幸恵の母ナミとともにバチェラーが創設した函館の愛隣学校の卒業生であったためローマ字が堪能で、お互いに手紙のやりとりをアイヌ語で行った人物である。

知里幸恵の弟である知里真志保（一九〇九〜一九六一）は、職業的な研究者（言語学者）となり、アイヌ語・アイヌ文化に関する辞典と多くの論文を残している。アイヌ語の表記にはローマ字とカタカナを用い、表記法は時期によって変遷していった。「-h」音と「-r」音は直前の母音の音色に従って「ㇵ、ㇶ、ㇷ、ㇸ、ㇹ」「ㇻ、ㇼ、ㇽ、ㇾ、ㇿ」と書いた。「-w, -y」音を「ゥ、ィ」で書いた。

鍋沢元蔵（一八八六〜一九六七）は、金田一らの研究に協力するかたわら、物語と祈詞の筆録や出版などを通じた普及を行った。一九二一（大正十）年頃にはカナ表記で二冊のノートへユカㇻ（英雄詞曲）を書きあげ金田一に提供した。執筆開始年は知里幸恵とも重なる。

一九六五年頃まで筆録を続けていたものと思われ、約五十冊のノートがあったと言われているが、一九六二（昭和三十七）年の自宅の火災により多くが消失した。成果をまとめたものとしては『アイヌ叙事詩クドネシリカ』（一九六五）、『アイヌの祈詞』（一九六六）、『アイヌの叙事詩』（一九六九）、『アイヌ祈道全集』、『沙流川筋の祈祷集』（私家版、発行年不明）がある。

山本多助（一九〇四〜一九九三）は釧路出身で、ほぼ全文がアイヌ語で綴られた先駆的・革新的な同人誌『アイヌ・モシリ』（一九五七〜一九六五）を和人の言語学者と共同で刊行した。同誌には貫塩喜蔵、森竹竹市、鍋沢元蔵など多くのアイヌ語話者が寄稿している。

山本の表記はカタカナを基礎とするが、独自の「アイヌ

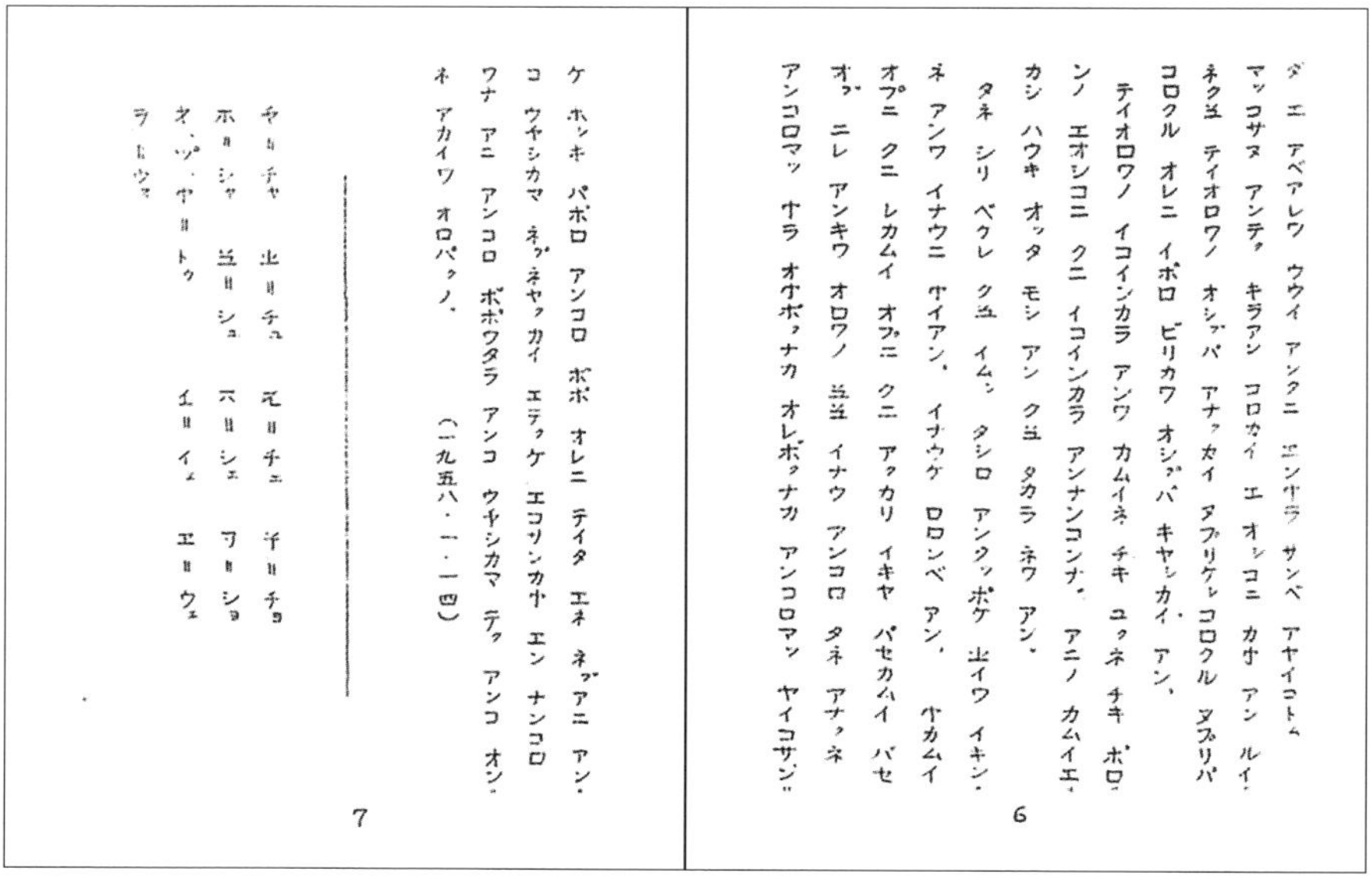

山本多助が考案した「アイヌ文字」の一覧表。「チャ、チュ、チェ、チョ、シャ、シュ、シェ、ショ、トゥ、イェ、ウェ、ウォ」といった日本語のカナでは二文字で書かれる音を一文字で書ける表記を示した
山本多助（1957or8?）『アイヌ・モシリ』3号：6–7（釧路アイヌ文化懇話会編1998：60–61）

文字」を考案した。それは「チャ、チュ、チェ、チョ、シャ、シュ、シェ、ショ、トゥ、イェ、ウェ、ウォ」といった日本語のカナでは二文字で書かれる音を一文字で書ける表記を示したものである。

葛野辰次郎（一九一〇～二〇〇二）は一九六五（昭和四〇）年頃から誰に習うでもなく自ら執筆活動を始めた。アイヌ語カナ表記の「トゥ」は半濁音を加えた「ド」や「ヅ」の表記の他、チュプ（月）を「ツウッ」「ツウゥッ」などと書き、語末がp音の時の口をすぼめたような発音が伝わるよう工夫した。アイヌ語が語られて存続する「活保存」を信条に執筆・伝承活動に奮闘した。アイヌ語に対して日本語の逐語訳がつけられたことも大きな特徴である。

この他、紙幅の都合によりすべては紹介できないが、二谷国松などアイヌ語を書き記録する努力を重ねて来た人々は大勢おり、なかには貫塩喜蔵、砂沢クラ、萱野茂らのように出版の形を取った者もいる。特に萱野茂（一九二六～二〇〇六）は辞典も編纂し、著作の数が抜きん出て多い。また「ローマ字の読めるアイヌはどれほどいるだろう。アイヌのために、アイヌ語はカタカナで書くべきだ」としてカナ表記の重要性を主張した。これはアイヌ自身がアイヌ語を学び、使うためのバリアを取り除くことであり、その後の出版物におけるアイヌ語の表記に大きな影響力を与えた。

アイヌによる文字利用の意義とその障害

　アイヌ民族は無文字社会であるという語りがしばしば見られる。しかしそれは近代以前までの姿である。そしてそれは同時期の和人の庶民についても同じであった。アイヌは文字文化に触れる機会も多くあったのだが普及はしなかったというのが実際の姿ではないだろうか。その理由としてそもそも、初期の文字使用が階層化や徴税にともなう簿記的な事柄に終始していたことを考えれば、アイヌが営んできたのはそうした行為を必要としない社会であった（なお、獲物の数や日数の記録などは刻印や結縄、木偶を用いて行った例がある）。また、近世の和人社会の一部はアイヌの文字使用を制限してきたということもある。

　アイヌ民族は国土創造や人類誕生といった神代の物語から家系の来歴談まで全て口伝によって行ってきた。そこには統一的な支配者もおらず、国家形成や民族間の戦争の歴史も文字に書き残す必要がなかった。

　日本社会の抑圧によって自民族への伝承が困難な状況となってからは口承社会から文字を利用して伝承する文化への変化を選んだ。アイヌ語の語りを保存できる録音機器が普及すれば積極的に利用し、アイヌ語の口承文化の保存が進められた。そして現在に至るまで口承と文字は共存関係にありつつも、かつての語りの文化を復興するために各種取り組みがなされている。アイヌによる文字の利用については、一概に無文字とするのではなく時代や立場によって様々であったことを意識したい。

参考文献

國東利行　二〇一〇『廻国僧正光空念師　宝永元年（一七〇四）松前・蝦夷地納経記　付アイヌ語集』北海道出版企画センター
佐藤知己　二〇一六『「狄言葉」の研究』北海道大学大学院文学研究科
ジョン・バチラー　一九三八『アイヌ・英・和辞典　第四版』岩波書店
東京外大ＡＡ研　二〇〇六『表記の習慣のない言語の表記（東京外大ＡＡ研）』中川裕　二〇〇六「アイヌ人によるアイヌ語表記への取り組み」
日本学士院内明治前日本科学史刊行会　一九七一『明治前日本人類学・先史学史』
北海道大学アイヌ・先住民研究センター『にかほ市象潟郷土資料館所蔵　森家旧蔵「蝦夷方言藻汐草　全」翻刻・解題―二〇一一年度北海道大学アイヌ・先住民研究センター古文書プロジェクト報告書―』

葛野大喜（くずの・だいき）
一九九七年北海道生まれ。北海道大学大学院文学院博士課程一年。新ひだか町の静内周辺をルーツにするアイヌ。一般社団法人札幌大学ウレシパクラブでアイヌの歴史・アイヌ文化・アイヌ語等を学び、卒業後は北海道大学で修士課程修了。二〇二〇年度アイヌ文化・アイヌ語ラジオ講座講師。

アイヌ文化を伝える環境をつくりたい

藤野麻里奈(カパハポ)
公益財団法人　アイヌ民族文化財団
ウポポイ(民族共生象徴空間)
運営本部企画調整部企画調整課
FUJINO MARINA

プログラムの説明をする藤野さん。

現在の仕事は「どのような工夫をしたらウポポイに多くの人が訪れてもらえるのか」、「アイヌ文化をどう伝えたらウポポイの認知度が広がり、理解が深まるのか」という大きな二つのテーマをもとに、来場者サービスの向上やイベントの企画を行なう課に所属しています。企画だけではなく、自分自身がＰＲのブース出展などの対応をすることもあります。開業から四年経ち、道外のＰＲの場でも「以前ウポポイに行きました」という声も増えてきました。

現地に来てもらえるようなご案内の仕方を考えるのが面白く、工夫をすることで関心を持っていただけた時にやりがいを感じています。

ウポポイで働く職員にはポンレというアイヌ語のニックネームがあります。わたしは「カパハポ」です。樺太の方言で蝶々を意味しており、祖母の姓をもじったものです。いつか親戚と縁が繋がることを願ってこの名前を付けてもらいました。

アイヌ衣装に施された
刺繍を調査する藤野さん。

ウポポイで働くきっかけになったのは、母方の家系がアイヌだと中学生のころに母から聞いて興味を持ったことです。わたしの曽祖母はアットゥシ織をしていて、口周りにはシヌイェ（刺青）がありました。幼い時だったため見慣れなくて怖かったと母から聞いています。祖母は樺太（からふと）生まれですが、三八歳で亡くなってしまい、その際にアイヌの親類との縁が切れてしまったため、母もわたしもアイヌ文化として何か聞いたことや受け継いだものはありません。

ウポポイで働いてみると自分と同じようにルーツはあるけども、家族から文化的なことを教わったことのない職員もいます。さらに知識を深めるため、自発的に職員同士でものづくりのサークルを作ったり、地域のアイヌ料理の講座に参加して、一緒に切磋琢磨できる同僚の存在は、働くモチベーションに繋がっています。

アイヌ文化を発信する施設で働くことで、得られた意識としては、レイシャルハラスメントのことがあります。

とくにウポポイで働く職員は、来場される方々や出張先でのPRの際にアイヌ文化を対面で説明する機会が多く、それに伴い個人へのマイクロアグレッションなどの問題もあります。今後は、来場される方々がウポポイを訪れることで、多文化共生への理解につながるアプローチや職員を守るための知識を得て、文化を発言する人が無理なく働ける環境を整備することを考えていきたいと思っています。

木下清蔵写真／提供：公益財団法人アイヌ民族文化財団

第4章

アイヌ研究の最前線から

最新のアイヌ民族、
アイヌ文化、アイヌ史の研究を紹介するコーナー。
「アイヌ学」の最前線を紹介します。

1
日本人起源論のなかのアイヌと縄文

科学史の視点から

SAKANO TORU
坂野 徹
日本大学経済学部教授

清野謙次が調査した樺太アイヌの墳墓
（清野『日本原人の研究』より）

ここでは、日本の人類学・考古学における
日本人起源論の歴史を概観しながら、
そのなかでのアイヌと縄文の位置付けについて考える。
日本人起源論は大きな社会的関心を集める領域であり、
明治期から現在まで様々な学説が提唱されてきた。
アイヌと縄文人（縄文文化）、日本人（日本文化）の関係は
議論を呼ぶテーマだが、日本人起源論の歴史を振り返れば、
これらを安易に結びつけることの問題性もみえてくるだろう。

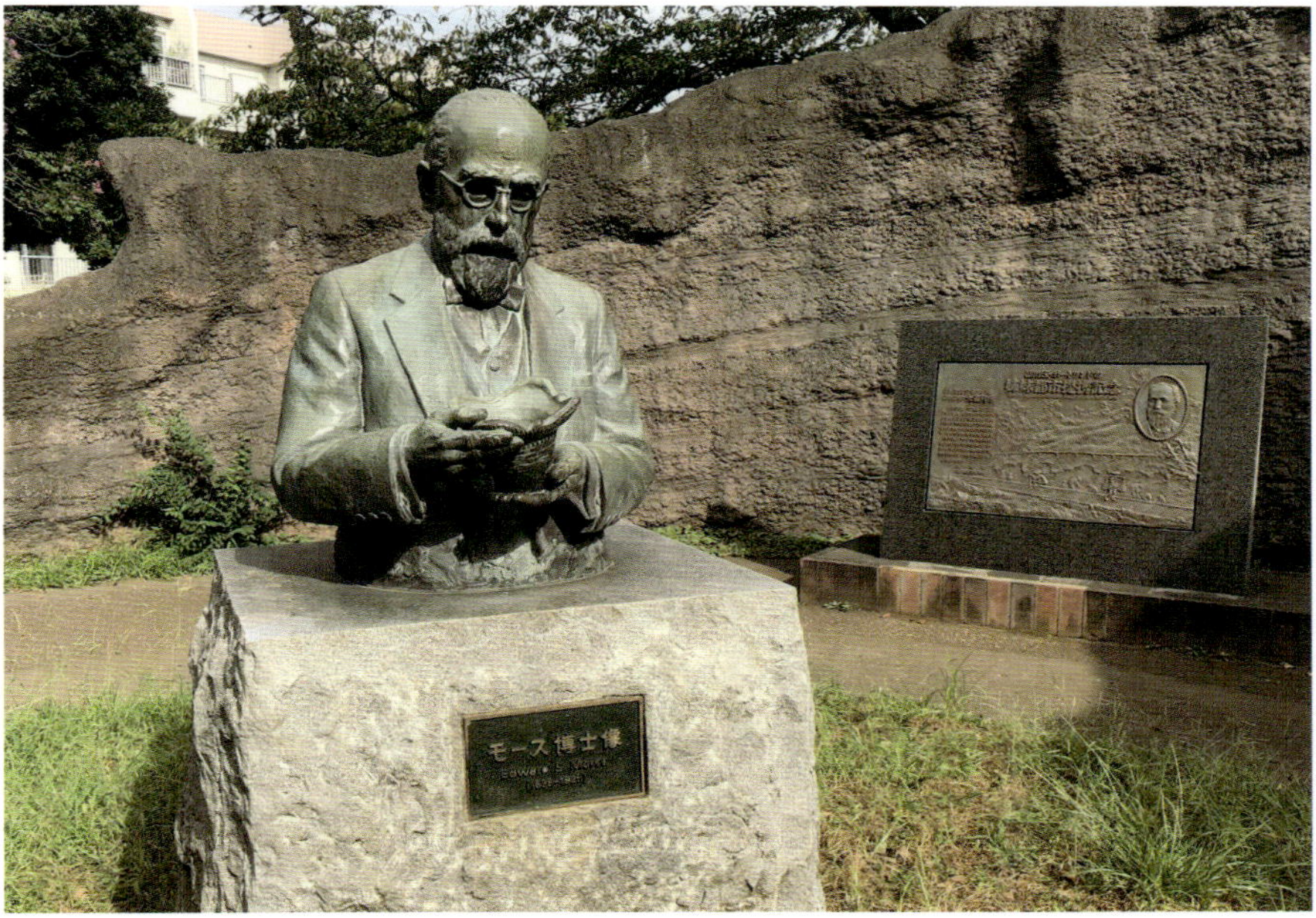

大森貝塚跡に建つモース像（東京都品川区）

日本人類学・考古学の歴史とアイヌ・縄文

日本における近代的な人類学・考古学研究は、御雇外国人教師E・S・モース（米）による大森貝塚の発掘に始まるといわれるが、モースを含む明治期の人類学者、考古学者は、列島各地に石器や土器を遺したのは先住民族であり、後来の日本人の祖先が彼らに取って代わったと考えていた。したがって明治期の人類学・考古学では日本列島における先住民族の正体が最大の関心事となり、先住民族をアイヌであると考える論者（アイヌ説）とアイヌの伝承中に登場するコロボックル（コロポックル）であるとする論者（コロボックル説）のあいだで論争もおこなわれた。ここにはアイヌは石器時代の習俗を今に伝える「原始民族」だという思い込みが存在する。

その後、列島各地で遺跡や遺物の発掘が進み、人類学・考古学上の知見も増大するなか、一九一〇年代に提唱されたのが鳥居龍蔵（東京大学）の固有日本人説である。鳥居は、当時最新の考古学上の知見や自らの海外調査にもとづいて、日本の先住民族であるアイヌが縄文土器を残したのに対して、弥生土器を残したのは日本人の祖先だと主張した。彼は土器の違いを集団の違いととらえ、日本列島に渡来した人類集団間で混血が進むことで現代日本人が形成さ

草創期の日本人類学者と千島アイヌ（明治32年〈1899〉12月撮影）。
右から鳥居龍蔵、（後方右から）坪井正五郎、小金井良精（鳥居龍蔵『千島アイヌ』より）

れる一方、アイヌは北方へ追いやられたと考えたのである。

だが、鳥居説登場の直後から、日本列島上でかつて支配集団の交替があったとする明治期以来の定説に対する批判も始まることになる。鳥居の次世代にあたる研究者たちが、石器や土器などを遺したのも日本人の祖先であり、現代まで日本列島の住民は連続していると主張し始めたのである。

こうした潮流のひとつの到達点が一九二〇年代末に登場した清野謙次（京都大学）の混血説である。清野は、石器時代人と列島周辺の様々な集団との混血が進むなかで、現代日本人とアイヌに分岐してきたと結論づけた。日本各地で発掘した大量の人骨（そのなかには盗掘されたアイヌ遺骨も含まれる）の計測にもとづく清野の議論は学界に大きなインパクトを与え、一九三〇年代以降、日本人起源論はまずは人類学者の領分とみなされるようになっていった。

しかし、清野説の登場により、土器の違いを集団の違いと結びつける発想自体がなくなったわけではない。三〇年代には若手考古学者によって土器の編年研究が進められ、これは現在の日本考古学の基礎となっているが、縄文土器を遺したのがアイヌではないとしても、縄文土器と弥生土器を作ったのは別の集団であり、彼らの混血による日本人の誕生を想像する考古学者は多かった。

そして、ここで見逃せないのが、太平洋戦争が日本人起源論に与えた影響である。皇国史観の影響が強まったこの時期、日本人の祖先の混血性や海外からの渡来を主張することは難しくなっていた。結果的に人類学者は日本人の混血性より石器時代以来の「血」の連続性を強調し、考古学者も弥生土器の担い手の大陸からの渡来を表立っては言わないようになった。

一九四五年の日本敗戦にともなって戦前までの皇国史観は否定され、その後、従来の石器時代という呼称に代わって現在も使われる縄文時代、弥生時代という時代区分が次第に広がっていく。それにともない縄文人、弥生人という呼称も一般的になっていくが、当初、日本人の起源に関する人類学者、考古学者の考え方は戦時中とあまり変わらなかった。考古学者の多くが弥生土器の担い手の大陸からの渡来と縄文人との混血を想像する一方、人類学者の日本人起源論においては、日本列島における石器時代以来の「血」の連続性を想定する理論が支配的だった。

こうした長年にわたる人類学者と考古学者の認識のズレを解消したのが、一九五〇年代、西日本各地で発掘された弥生時代人骨にもとづく金関丈夫（九州大学）の渡来説である。その後、金関の渡来説と戦時中以来の混血否定論の併存状態が続くが、一九八〇年代までに渡来説を支持する証拠が増えていった。

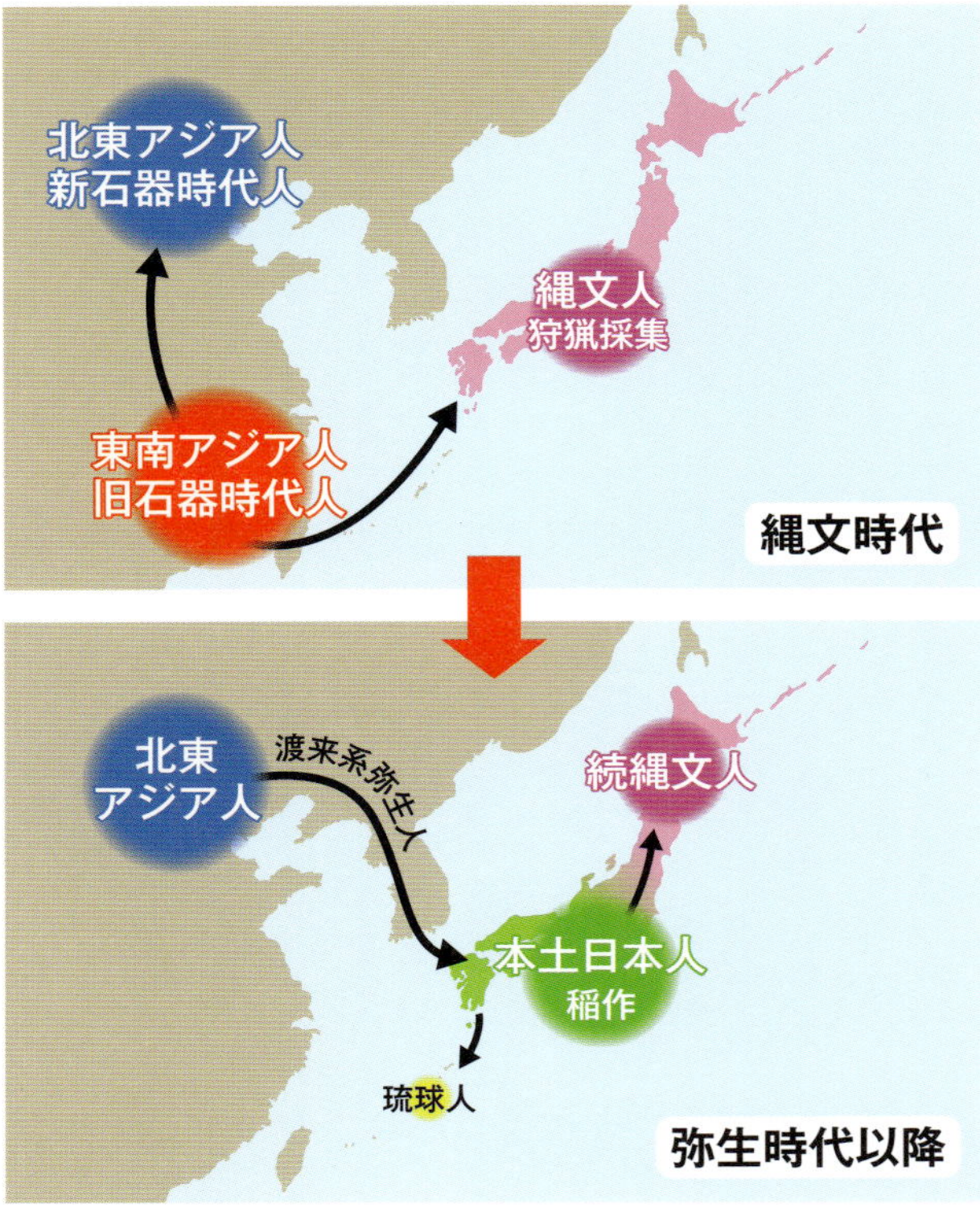

二重構造モデル論の図

人類学者の埴原和郎が提唱した理論で、現代日本人は東南アジアから日本列島に入った基層集団（縄文人）に、弥生時代以降、北東アジア起源の渡来系集団が混血することにより形成されたとする理論。渡来系集団は、北部九州及び山口県地方から進入し日本列島に拡散したので、周縁部のアイヌ、琉球の人びとは本土人と混血の度合いが違い、形態的な違いが生じたとする。

そして、金関の渡来説の基本構造を受け継ぎ、一九九〇年代以降、日本人起源論における定説の位置を占めることになったのが、埴原和郎（国際日文文化研究センター）により提唱された二重構造モデルである。これは、先住する縄文人と渡来系弥生人（の祖先）の混血によって現代日本人が成立する一方、北海道や沖縄では渡来系弥生人との混血があまり起こらなかったため、縄文人の形質が色濃く残ったとするものであり、日本列島住民の起源を統一的に説明できることもあって広い支持を集めてきた。

だが、最近のゲノム研究や考古学研究の進展により、従来想定されていたより日本列島における人類集団の移住や拡散の歴史は複雑であり、大陸からの人類集団の移住は古墳時代以降、連続的に続いたことを示す証拠も増えつつある。いずれ縄文人と弥生人という、これまで我々が慣れ親しんできた二項対立図式も捨てられることになるかもしれない。

アイヌ・縄文人・日本人

以上駆け足で日本人起源論の歴史をたどってきたが、ここで改めて注意したいのは、縄文という名称はあくまでも土器の様式にもとづくものであり、現在の人類学・考古学では、そうした土器が出土する時代に日本列島に居住していた人びとを縄文人、その時代の文化を縄文文化と呼んでいるにすぎないということである。このことを忘れて、縄文人や縄文文化を実体化し、縄文（人／文化）をアイヌや日本と結びつけることに対しては慎重でなければならない。

たとえば縄文（人／文化）とアイヌを同一視する議論は、歴史的に考えれば、石器や土器などを遺したのはアイヌであるとする明治期の議論に起源をもち、アイヌが今でも石器時代の生活習慣を残しているという思い込みにもとづくものである。現代アイヌに縄文人のゲノムが受け継がれていることは確かだろうが、当然のことながら、アイヌは縄文人ではない。

一方、九〇年代以降の縄文ブームのなかで、縄文（人／文化）をアイヌではなく日本と同一視し、さらに縄文を世界に誇るべき「文明」であると主張するような議論も横行している。アイヌの場合と同様、縄文と現代日本のあいだに何らかの系統的つながりがあることは確かだろうが、ここには縄文を日本（人／文化）の起源として「文明」側に置き、アイヌを野蛮・未開とみなしたい欲望も透けてみえる。実際、ほとんどの人が忘却しているが、かつて水田稲作が日本文化の本質だと考えられていた時代には、弥生（人／文化）を日本の起源とみなし、縄文文化はそれ以前の野蛮・未開な異文化ととらえる議論の方が一般的だったのである。

ここからもわかるように、集団や文化の起源をめぐる議論はその時代の価値観や偏見に左右されやすい。そもそも縄文時代には日本人やアイヌ民族、日本文化やアイヌ文化も存在しなかった。こうした当たり前の事実を忘れてはならない。

坂野徹 さかの・とおる
一九六一年生まれ。九州大学理学部生物学科卒業。東京大学大学院理学系研究科（科学史・科学基礎論専攻）博士課程単位取得退学。博士（学術）。日本大学経済学部教授。専門は科学史、人類学史、生物学史。主な著書に『帝国日本と人類学者』『〈島〉の科学者』（以上勁草書房）、『フィールドワークの戦後史』（吉川弘文館）、『縄文人と弥生人』（中公新書）。編著に『帝国を調べる』（勁草書房）、『人種神話を解体する2』（共編。東京大学出版会）などがある。

2
「和人学」の勧め

HIGASHIMURA TAKESHI
東村岳史
名古屋大学大学院国際開発研究科教授

日本のマジョリティを象徴する東京・渋谷の雑踏

「和人（わじん）学」とは「アイヌ学」の対として
進展が期待される研究分野であり、
少数派（アイヌ民族）ではなく多数派（和人）に
焦点を当てるのが主眼である。
日本社会のなかで多数派として権力を握る和人が
アイヌ民族にどのような影響を与えてきたのかを
解明する研究が今後一層重要となる。

「和人学」とは

筆者は著作のタイトルから「アイヌ研究」者と誤解されることが多いが、自分の研究は「マイノリティ（少数派）研究」ではなく「マジョリティ（多数派）研究」であると自認している。ここでいう「和人学」とは読者にとって耳慣れない言葉であろうが、これまで筆者が用いてきた「マジョリティ研究」と同じであり、すでに確立された研究分野というよりは、今後進展していくことが期待される領域としての期待が込められた造語である。その趣旨は、「女性学」のペアとして「男性学」という領域が発展したのと同じように、「アイヌ学」のペアとして「和人学」も推進されるべきという考え方である。[1]

アイヌ民族に対置される多数派日本人の呼称として用いられる「和人」（「和民族」）については、前近代に遡ってその形成をたどることも可能であろうが、ここでは近代以降に話を限定する。幕藩体制時代多くの庶民は「日本人」というアイデンティティを持っていたわけではなく、その形成（民族・国民意識）はおおむね明治維新以降といわれる。欧米列強に対抗する形で近代国民国家を立ち上げ、日清戦争や日露戦争などを経て、近代以前からの周辺の隣人との関係とも合わせて「日本人」意識が多くの人に共有されるようになってきた。隣人のなかで特にアイヌ民族を意識する際用いられることが多かったのが「和人」である。

しかしながら、今日「和人」という言葉の認知度が徐々に高まっているとはいえ、多数派日本人がアイヌ民族に向き合う際の呼称としてなじんでいるとはまだ言い難いのが現状であろう。なぜ多くの多数派日本人にとって「和人」という呼称はなじみが薄いのかといえば、「マジョリティは名前を持たない」からである。少数派は常日頃「自分は何者か」を意識せざるをえないのに対し、多数派はそれを意識しなくても生活できるという特権がある。そのような非対称的な関係を変えていく契機として筆者が期待するのが、多数派研究としての「和人学」である。

関連隣接分野から学べることと今後の展望

「和人学」を進展させる導きとなるのが、社会の多数派を対象とした研究領域である。近年の新しい研究潮流として注目されるセトラーコロニアリズム（入植者植民地主義）研究やレイシズム（人種主義）研究などによるアプローチに加えて、ジェンダー研究、障害学などの知見も「和人学」の展開に大いに参考になるだろう。

これらの研究から学べることを総じていえば、何が社会の「常識」として標準化・中心化され、その裏返しとして何が周辺化・排除されてきたのかを問い直す、ということである。女性に対しては男性が、障害者に対して健常者が優位に立ち、社会の仕組みを自分たちの都合の良いように作って運営してきた。たとえば、男性学の知見では、「男らしさ」へのこだわりが戦争における残虐行為の引き金になったり、「女らしさ」との対比で「男らしさ」に高い価値を与えたりして、支配者のメンタリティーを正当化してきたことがあげられる。「男らしさ」にとらわれることが男性自身をも生きにくくし、男女平等とはほど遠い歪んだ社会（日本社会が特にそうである）を作り上げてきたのである。

同様に、アイヌ民族を周辺化してきた和人中心の社会を当たり前のものとせず、両者の関係をより良いものにしていくために考えられることが「和人学」の対象となる。少し辛口めいたことをいえば、現代日本社会のスローガンである「共生」（アイヌ民族と和人との共生も含まれる）がどれだけ実のある施策に基づいた取り組みになっているのかを検討することも含まれる。それ以外に例をあげると、「和人」という呼称を含めた自己認識のあり方、他者（アイヌ民族、沖縄人、在日コリアン、その他外国籍者、など）を時に身勝手に規定し、存在を否定する言動（ヘイトスピーチなど）、多数派として無意識に享受している特権の可視化なども考えられる。一見アイヌの存在を尊重しているように見えながら、ＤＮＡ解析がアイヌの先住民族としての起源解明に貢献すると主張する自然人類学研究も「和人学」の一部である。このような動向を批判的にとらえる「和人学」の主眼は、和人の意識や言動と社会構造の両方を分析し、より望ましい社会のあり方を考えることである。

和人にとっての「和人学」とアイヌにとっての「和人学」

ここで日本におけるエスニック・マイノリティ当事者研究の一例として、鄭暎惠（チョンヨンヘ）の一文を参照してみたい。鄭はかつて『「マイノリティ」は、『マイノリティ』に向かってこそ、おおいに語るべき』と書いた。これは「マジョリティ」に「マイノリティ」の言葉が消費／搾取（さくしゅ）されてしまうことへの警戒であり、「マイノリティ」としての当事者性の表明でもあろう。これをアイヌ民族と和人の関係にあてはめ、多数派の視点から言い直せば、「差別」や「問題」の洗い出しや説明を「マイノリティ」たるアイヌ民族に頼ることなく、「マジョリティ」が「マジョリティ」を意識的に対象化し語ることが多数派の当事者研究としての「和人学」となる。

二〇〇〇年代以降、特に障害学において当事者研究が提唱され注目を集めるようになってきたが、基本的には少数派の当事者性を掘り下げるもので、多数派の当事者性を問うものはまだ少ない。少数派ばかりに当事者性を求めるのではなく、多数派自身が自分たちを当事者として対象化する研究（学）が必要である。「マイノリティ」とは異なり、自らのあり方を見つめる機会の少ない多くの和人にとっては苦痛に感じられることもあるかもしれないが、それはこれまで他者（アイヌ民族）と自分たちとの関係に向き合ってこなかったからである。また、多数派（支配者側）の反省に基づく社会改革は世界の脱植民地化の動向に共通する課題であり、日本も例外ではない。

もちろん、これは「マイノリティ」による「マジョリティ」研究を排除するものではない。切実さからすれば、むしろアイヌ民族の方に「和人学」を実践するインセンティヴが高いかもしれない。これまで日本政府の政策に翻弄され、近年ではヘイトスピーチに悩まされる人たちにとっては、これ以上「和人」に騙されない自衛のための「和人学」もお勧めである。その一例として、『アイヌ・先住民研究』第三号の特集「アイヌ民族に対するマイクロ・アグレッション」をあげておこう。ここでは大学教員として自分の授業に出席した和人学生の反応を分析した北原モコットゥナシ、ウポポイ職員として和人入館者の言動を分析した北嶋（きたじま）イサイカからの体験を読むことができる。これらはアイヌの当事者研究としての「アイヌ学」でもあり、和人批判としての「和人学」でもある。このような研究が今後も積み重ねられていくことだろう。

注

（1）北原モコットゥナシ氏からの私信による。

主要参考文献

伊藤公雄『男性学入門』（作品社　一九九六）

北嶋イサイカ「アイヌ民族に対するマイクロアグレッション――博物館や技術講習会などの学習施設での体験」（『アイヌ・先住民研究』三、二〇二三）

北原モコットゥナシ「高等教育機関におけるアイヌ民族へのマイクロアグレッション」（『アイヌ・先住民研究』三、二〇二三）

北原モコットゥナシ（著）・田房英子（漫画）『アイヌもやもや　見えない化されている「わたしたち」と、そこにふれてはいけない気がしてしまう「わたしたち」の。』（303BOOKS、二〇二三）

シャフヴィシ、アリアン（井上廣美訳）『男はクズと言ったら性差別になるのか』（柏書房、二〇二四）

鄭暎惠『〈民が代〉斉唱――アイデンティティ・国民国家・ジェンダー』（岩波書店、二〇〇三）

ディアンジェロ、ロビン（上田勢子訳）『ホワイト・フラジリティ――私たちはなぜレイシズムに向き合えないのか？』（明石書店、二〇二一）

山下幸子『「健常」であることを見つめる――1970年代障害当事者／健全者運動から』（生活書院、二〇〇八）

東村岳史　ひがしむら・たけし

一九六三年帯広市生まれ。名古屋大学大学院国際開発研究科博士後期課程中退。現在同研究科教授。主な著書に『戦後期アイヌ民族――和人関係史序説』（三元社）『近現代北海道とアイヌ民族――和人関係の諸相』（三元社）、『〈原爆〉を読む文化事典』（川口隆行編著。青弓社）、共著に『実践のフィールドワーク』（好井裕明・山田富秋編。せりか書房）、『東アジアと朝鮮戦争七〇年――メディア・思想・日本』（崔銀姫編著。明石書店）などがある。

3
アイヌ女性、芸術、そして自分作り

ann-elise lewallen
アンエリス・ルアレン
ヴィクトリア大学アジア太平洋学准教授

シナノキの木の皮を煮る鍋（著者、2007年8月）

このエッセイでは、アイヌ女性たちが布づくり布作りを
通して学ぶことで、アイヌの新たな表現形式を探求し、
アイヌとして存在する象徴をスティグマから
取り戻すことができる療法的な空間を自分たちで作り上げ、
世代間のトラウマからの癒しが可能になることを述べる。
（このエッセイは、2004年から2005年にかけて
アイヌの布作りを学んだ私の体験に基づいている）

はじめに

「この糸はなんだろう?」と思ったことがあって。アッシ織の木の内皮、繊維ね、が糸に使われた。家を造るのに、生きて行くために、動物獲ってもそれを引っ張って、そこが糸のルーツ。一つの縫いの文化、縄の文化、ロープの文化、元の縄を作った人々から進化してきた。私はこの糸を使わしている。これらの価値観を知ることで、私は新たな希望と文化に対する敬意を持つことができた。(ソコニ、インタビュー、二〇〇一年六月)。

私は女性たちの体験を通して、布作りのプロセスが、アイヌの女性たちにとって癒しと自己回復のきっかけになるということを理解するようになった。なぜならば、女性たちは、それまでアイヌであることで押しつけられてきたスティグマ(不条理な烙印)を体験してきたからだ。アイヌとして自分を認識することを積極的に選択し、布作りを通して〈自分作り(セルフクラフト)〉を習得した女性たちは、『アイヌの主体性を作っていく過程が癒しになる』という。[1]「アイヌである」ことは日本のセトラーの血統モデルに基づくアイデンティティだが、「アイヌになる」中で自分自身を作り変えていくことは、癒しや開放感を得ることにつながる。

自分作りはしばしば逆年表をたどるような過程であり、現在から先祖が生きた時代へと遡っていく過程でもある。刺繍(ししゅう)クラスのような生活に密着した創作活動を通して、女性たちは伝統的な技術やデザインのなかに現代のメディアや素材(デニム、ハンドバック、ベスト、上着)を取り入れる。技術向上のために彼らは職業起動訓練コースに参加し、イチャラパのための儀礼用の着物など、より精巧で美的で高度な刺繍技術とデザイン力を必要とする作品を生み出している。この集中コースでは受講生に、(当時の理解により)出身地域の伝統的なデザイン[2]の儀礼用衣装の製作方法を提供している。刺繍入り着物を完成させることは布仕事における、また自分作りにおける通過儀礼としての性格を残している。出身コミュニテイのデザインとされる文様が縫い込まれた伝統的な衣装を着用することで祖先や年長者との繋(つな)がりを促進し、社会的関係を強化する。羽織を作って女性たちは祖先の世界観を探る。

この探究の旅はアイヌの女性たちにとって「模索」もしくは「手探り」である。すなわち、暗いところで何も見えないままに手と指先に導かれながら前に進んでいくようなものである。アイヌのセルフ・クラフトでは、手と指先は癒しと新しい自分に向き合うことと、知らなかった自分の心に出会うための入り口のため、〈自分作り〉と解釈する。手仕事によって布を作ることは、日本のセトラーコロニアリズムが圧殺してきたアイヌの伝統を取り戻すことを促す。触ることによって、女性たちがアイヌの精神と呼ぶ記憶、伝承、祖先たちのヴィジョンが呼び覚まされるのである。

ヘイトスピーチと沈黙の選択

自分作りについて考察する前に、現代日本におけるアイヌの多様性と複雑性について注目したい。アイヌはアイヌとしてのアイデンティティを形成するために、絶えず主体性と自己決定力を行使していて、そうでなければあるいは沈黙を選択し、あるいは和人として「過ごす」ことを余儀なくされる。アイヌの先祖を持つ多くの人々が沈黙を選ぶことには、いまだに続くセトラーたちからの人種差別やヘイトスピーチへの不安などが反映されており、その恐怖体験はアイヌであることを明らかにして生きることを難しくしている（cf.石原、二〇二〇）。日本のようなセトラーコロニアル国家では、植民地支配が精神的、感情的、言語的、身体的な暴力という形で現れ続ける（岡和田とウインチェスター、二〇一五）。アイヌの沈黙には多くの理由がある。その要因のひとつは「文化遺産経済」の拡大である。多くの「サイレントアイヌ」は芸術や言語を通じた「文化的流暢さ」を示すように圧力をかけられるが、長い差別とスティグマの経験のために彼らは伝統を学ぶことができなかった。さらに他にもヘイトスピーチのターゲットとされることを恐れるものもいる。彼らは学齢期の子どもや他の家族を悪影響から守ろうとして沈黙を選ぶ。

繊維を取るため、シナノキの木の皮を煮るプロセス。ヤイユーカラの森夏のキャンプにて（著者、2007年8月）

布作りを通した自分作り（セルフクラフト）

ごく最近まで、「アイヌである」ことはアイヌの血を引くことか、養子縁組や結婚などによる自身に起因するアイデンティティであった。また、和人との見た目の違いから「アイヌである」ことを余儀なくされ、アイヌのアイデンティティを割り振られたというものもいる。しかし、「アイヌになる」ことは積極的な選択に基づいている。それはアイヌ

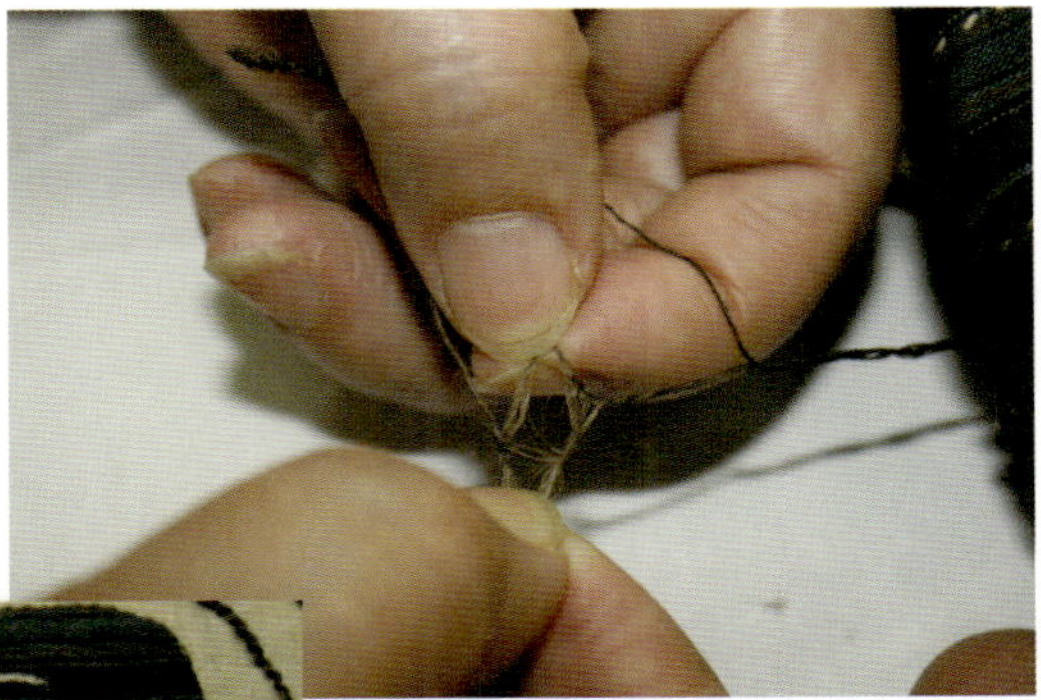

天理大学参考館資料05746。カガリ縫いが施されている繊維の性質（イラクサ）を調べる女性アーティスト（著者の写真、2011年8月）

天理大学参考館資料05746番、19世紀に収集された着物。祖先の着物に関心を持つアイヌ女性が詳細に注目：刺草からできた繊維が木綿糸にカガリ縫いが施されている（著者の写真、2011年8月）

のアイデンティティを先祖との生きた繋がりとして呼び起こし、先祖の慣習を日常生活に溶け込ませ、主体的にアイヌプリを学ぶことを意味する。

「アイヌになる」というのは、阿寒出身の小鳥サワ氏の表現である。彼女は学校でいじめられないようにシサムの言葉を用い、アイヌの血を引くことを否定していたが、あるきっかけでアイヌとしてのアイデンティティを受け入れることにしたという経験を話してくれた。サワ氏は「アイヌである」ことと、「アイヌになる」ことを意識的に選択することで起こる緊張を次のように説明する。「〈アイヌへの軽蔑は、そのころが一番厳しかったでないかい〉…そんなもんだから、あの頃はアイヌがアイヌにならないように努力したんだもの。」（『エカシとフチ編集委員会』一九八三年、二五一頁）。炉端でサコロペ（口承伝承）を聞き、アイヌ語に囲まれていると勇気づけられたという。年長者たちの寛大さにアイヌ精神とつながる世界に身を置く方法を見出したのも大きなきっかけになった。

相補性に関して～アイヌとして、女性として

アイヌ社会のなかで女性の人格は布仕事と密接に結びついている。例えば、女性の主体性は刺繍や織物、そして女

性の暮らしを導くカムイとの関係を通じて維持される（ストロングと知里二〇一一年）。かつて一人前の女性とみなされるようになるためには、自力で儀式用の衣服一式、すなわち上衣、下着、脛当て、手甲、鉢巻きを完成させなければならず、結婚の準備としても、パートナーの分の一式も揃えなければならなかった。あるいは結婚生活とそれにともなう共同作業の準備として夫婦は一碗のご飯を半分ずつ食べた。この一碗を分け合う儀式は、互いの責任と支え合いを示している。つまり、女性パートナーは家族の健康と福祉を担い、男性パートナーは生の食材を提供する。その食材の一部は、女性が調理する際に火の神に供えられる。集落で獲られたカムイの体の一部を火の神へ供えることによって、アイヌはカムイとの健全な関係と家族やコミュニティのための食料を確保する（ルアレン、二〇一六）。

祖先の技術を学ぶ教室。こちらはシナの木を基に糸を作って、その上にエムシアッ（刀掛け）の作り方を学ぶ教室。赤ん坊を背負いながら作業に取り組むアーティストです（2005年、著者の写真）

祖先の空間

アイヌが文化活動のためにアクセスする「過去」は、「先祖の空間」と呼ぶ方がふさわしいかもしれない。あるいは先祖たちが住む平行空間ともいえる。アイヌは、布作り、植物採集、ウポポの披露し、食べ物、儀式などの具体的な実践を通して、この先祖伝来の空間とつながる。かつて、優れた文化継承者である織田ステノは、アイヌプリを継承していくことは選択ではないと語ったことがある。彼女にとって伝統的な約束事を守ることは、精神世界と先祖たちの前で恥をかかない唯一の方法なのである（計良、一九九五）。

祖先の空間と交流するために、布作りや手仕事をする女性もいれば、物語の世界を選んだり、野生の食物を採集したりする女性もいるし、それ以外に祖先を敬う方法を見つけようとする女性もいる。私が滞在した北海道のあるコミュニティではアイヌ文化グループが刺繍の教室を開催していた。二十数名の女性が集まり、四苦八苦しながら布に鉛筆で模様を写し、それからデザインに沿って、針をゆっくりと進める。お茶、コーヒー、時によりアイヌプリのお汁粉（かぼちゃ、苦味のあるシケレペの実、もちの入った汁粉）が出されて休憩が入る。みんなで肩が凝ったとか、指が痛いとか、縫い目が細かすぎて目を細めなければいけない、とか不平を言い合い、そして先祖たちの素晴らしさにため息をつく。先祖の女性たちは、薄明かりの中で、生地も糸も針も十分なものがないのに、息を呑むような美しいモチーフを刺繍したのだ。その部屋はおしゃべりと、笑いでいっぱいになった。二〇〇四年のこの刺繍教室では、同じように辛い差別を受けてきた女性たちと、先祖の多様な模様と生地作りの伝統を受け継ぐ時間を過ごすことは、互いの癒しとなった。

前述のように、メモリーワーク、つまり先祖伝来の物語や長老の回想、あるいは家宝の衣服を通して個人や共同体の過去を回復する活動は、いまや現代のアイヌ女性たちが文化的ジェノサイドの忌まわしい記憶を越えて前進するのに役立っている。現在、二十年を経て、〈文化とジェンダー役割〉の考え方が大幅変わりつつ、さまざまな分野にアイヌ女性が活躍するようになり、先住民族の女性運動にも繰り広げられてきた。

注

（1）「セトラー」は植民者という意味で、民族性を問わず〈セトラー〉は構造的にアイヌ社会に対して社会・政治的に対立する存在だ。セトラーコロニアリズムはそのシステム全体を差す意味だ（ウルフ、二〇〇六）。

（2）「出身地の伝統紋様」とは二〇〇〇年当時の（アイヌ文化財団が）継承教育に拘っていた紋様の教育方法だった。この活動に抵抗し、新たなアイヌ紋様を切り拓く活動も活発に繰り広げられた時期でもあった。

参考文献

石原真衣　二〇二〇『〈沈黙〉の自伝的民族誌（オートエスノグラフィー）サイレント・アイヌの痛みと救済の物語。』札幌：北海道大学出版会

ウルフ・パトリック　二〇〇六 "*Settler Colonialism and the Elimination of the Native.*" Journal of Genocide Research 8(4), 397-409.

エカシとフチ編集委員会　一九八三年「エカシとフチ：北の島に生きた人々の記録。」札幌：札幌テレビ放送

岡和田晃とウインチェスター・マーク　二〇一五「アイヌ民族否定論に抗する。」東京：河出書房新社

ストロング・セーラと知里幸恵　二〇一一 "*Ainu Spirits Singing: The Living World of Chiri Yukie's Ainu Shinyōshū.*" Honolulu: University of Hawai'i Press.

計良智子　一九九五「アイヌの四季：フチの伝える心。」東京：明石書店

ルアレン・アンエリス　二〇一六 *The Fabric of Indigeneity: Ainu Identity, Gender, and Settler Colonialism in Japan.* Albuquerque: School for Advanced Research and University of New Mexico Press.

アンエリス・ルアレン　あんえりす・るあれん

ann-elise lewallen　専門は政治生態系、エネルギー正義と批評地理学である。著書に『The Fabric of Indigeneity: Ainu Identity, Gender and Settler Colonialism in Japan』(ニューメキシコ大学出版二〇一六)、と『Beyond Ainu Studies: Changing Academic and Public Perspectives』(マーク・ハドソン、マーク・ワトソンとの共著、ハワイ大学出版、二〇一四)などがある。現在ヴィクトリア大学、アジア太平洋学、准教授である。現在北東インドのカッシ民族の伝統医療と森林の生物多様性の変遷を把握する研究調査に取り組んでいる。

4 法学の視点からみたアイヌ

アイヌ施策推進法を中心に

OSAKADA YUKO
小坂田裕子
中央大学法科大学院教授

図1　アイヌによるサケの伝統的漁法　　イラスト／小笠原小夜
『ミンタㇻ③　アイヌ民族33のニュース』（北海道新聞社）より

2019年に成立、
施行されたアイヌ施策推進法は、
アイヌが日本の先住民族であることを
初めて法律上明記した。
アイヌ施策推進法と意義と課題について
見てみよう。

アイヌと法の関わり

世界の先住民族の多くは、その歴史のなかでときに法に基づいて、土地や資源を剝奪され、自らの文化や言語を禁止・制約されるなどして、抑圧されたり同化を余儀なくされたりしてきた。アイヌも例外ではない。例えば、サケはアイヌ民族にとって食料や衣服の材料として、そして交易の商品として、生活・経済にとって重要な資源であっただけでなく、精神的にも重要な生物であった。しかし、明治政府は環境保全の名の下で河川でのサケ漁を法により次第に禁止していく。河川でのサケ漁の禁止が、和人よりも、アイヌ民族により大きな痛みを与えたことは言うまでもない。

他方で、現在、先住民族のなかには、自ら法形成に参加したり、法に基づいて権利回復や権利主張を行ったりする者も出ている。実際、二〇〇七年に国際連合総会で採択された「先住民族の権利に関する国際連合宣言」(国連宣言)の起草にはアイヌも携わっていた。また浦幌町(うらほろちょう)のアイヌ団体であるラポロアイヌネイションは、日本の近代化の過程に異議を申し立て、河川でサケを獲る権利を回復する運動として、二〇二〇年に国連宣言などに基づく訴訟を提起した。

もっとも、法が往々にして先住民族にとって異文化に依拠していることや、そもそも現代の国内法が同化政策などを行った国家が制定した近代法の枠内にあることなどから、法による権利回復の困難さが指摘されることもある。ラポロアイヌネイションによる歴史的不正義を問う訴えに対して、二〇二四年四月十八日、札幌地方裁判所が、現代の国内法における権利関係のみに焦点をあてて判決を出したのは、その一例だろう。

こうした密接だが複雑なアイヌと法の関係は、二〇一九年に成立、施行された「アイヌの人々の誇りが尊重される社会を実現するための施策の推進に関する法律」(アイヌ施策推進法)を通じて、さらに複雑さを増している。

アイヌ施策推進法の意義

アイヌ施策推進法の意義は、次のとおりである。第一に、アイヌが日本の先住民族であることを法律上明記したことだ(第一条)。二〇〇八年に衆参両院で採択された「アイヌ民族を先住民族とすることを求める決議」を受けて、内閣官房長官が談話を発表し、そのなかで「政府としても、アイヌの人々が日本列島北部周辺、とりわけ北海道に先住し、独自の言語、宗教や文化の独自性を有する先住民族であるとの認識」を示してはいたが、法律に明記されたこと

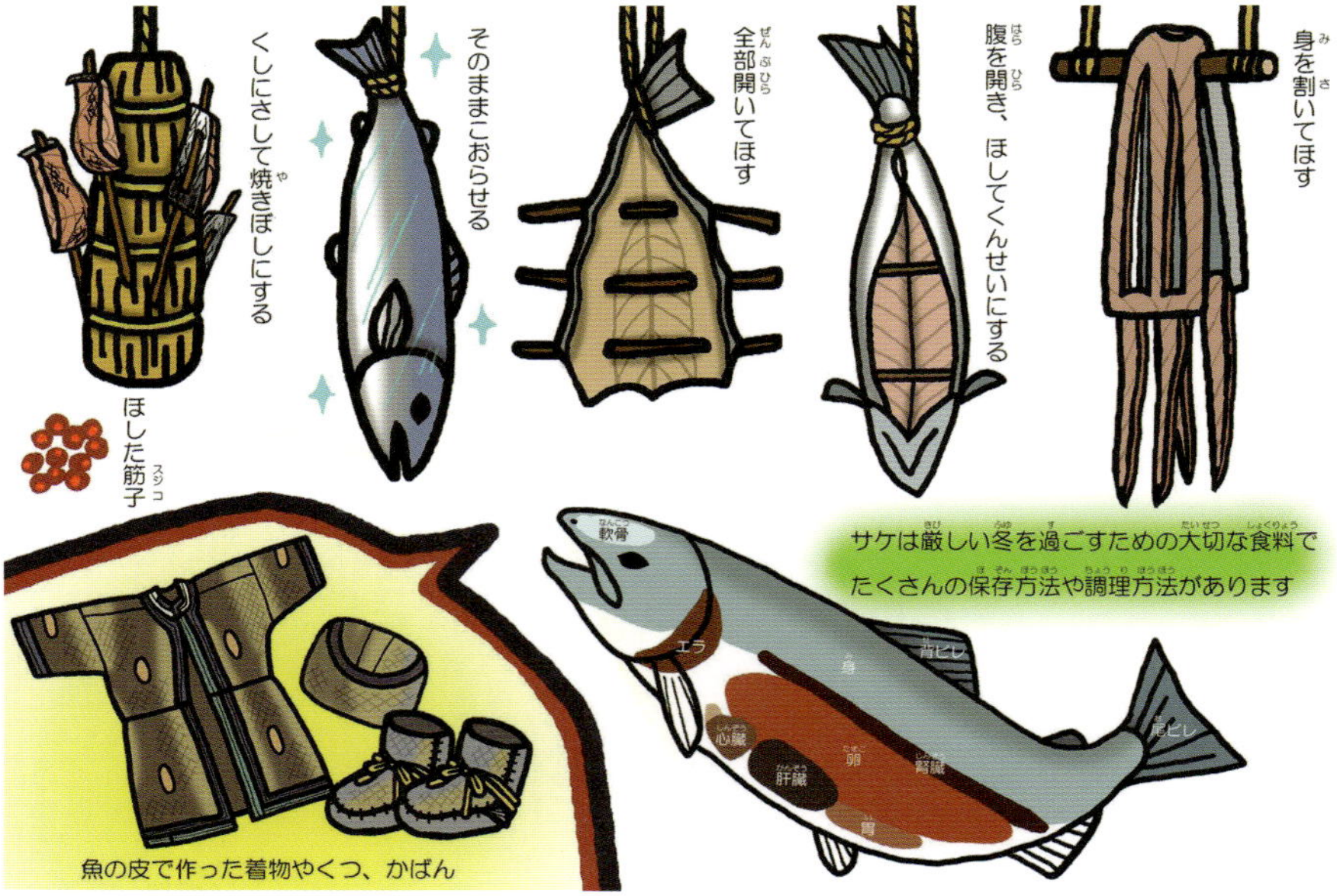

図２　アイヌによるサケの利用方法
『ミンタラ③　アイヌ民族33のニュース』（北海道新聞社）より
イラスト／小笠原小夜

で位置づけがより明確になった。

第二に、「アイヌ文化」の定義には「アイヌにおいて継承されてきた生活様式」も含まれており、その点で、アイヌ施策推進法により廃止された「アイヌ文化の振興並びにアイヌの伝統等に関する知識の普及及び啓発に関する法律」（アイヌ文化振興法）での定義よりも広くなった（第二条）。

第三に、アイヌに対する差別が禁止され（第四条）、禁止対象にはヘイトスピーチも含むと解されている。

第四に、国及び地域公共団体の責務、特に「アイヌに関し、国民の理解を深めるよう」努める責務が明記された（第五条）。

第五に、アイヌ政策推進交付金制度が新たに設けられた。市町村がアイヌ文化の保存又は継承に資する事業などに関して、事業を実施する者（通常、地元のアイヌ団体）の意見を聴きながら、アイヌ施策推進地域計画を作成して申請し（第十条）、それを内閣総理大臣が認定をした場合、交付金を交付することができる（第十五条）。この交付金を用いて、複数の地域のアイヌ団体が主体的に様々な事業を展開している。例えば、釧路市では独自の認証制度を通じた知的財産保護事業やアイヌ文化ガイド事業が行われているし、平取町では、アイヌ工芸とものづくり企業とのコラボレーションを通じたアイヌ文化のブランド化推進事業が行われ

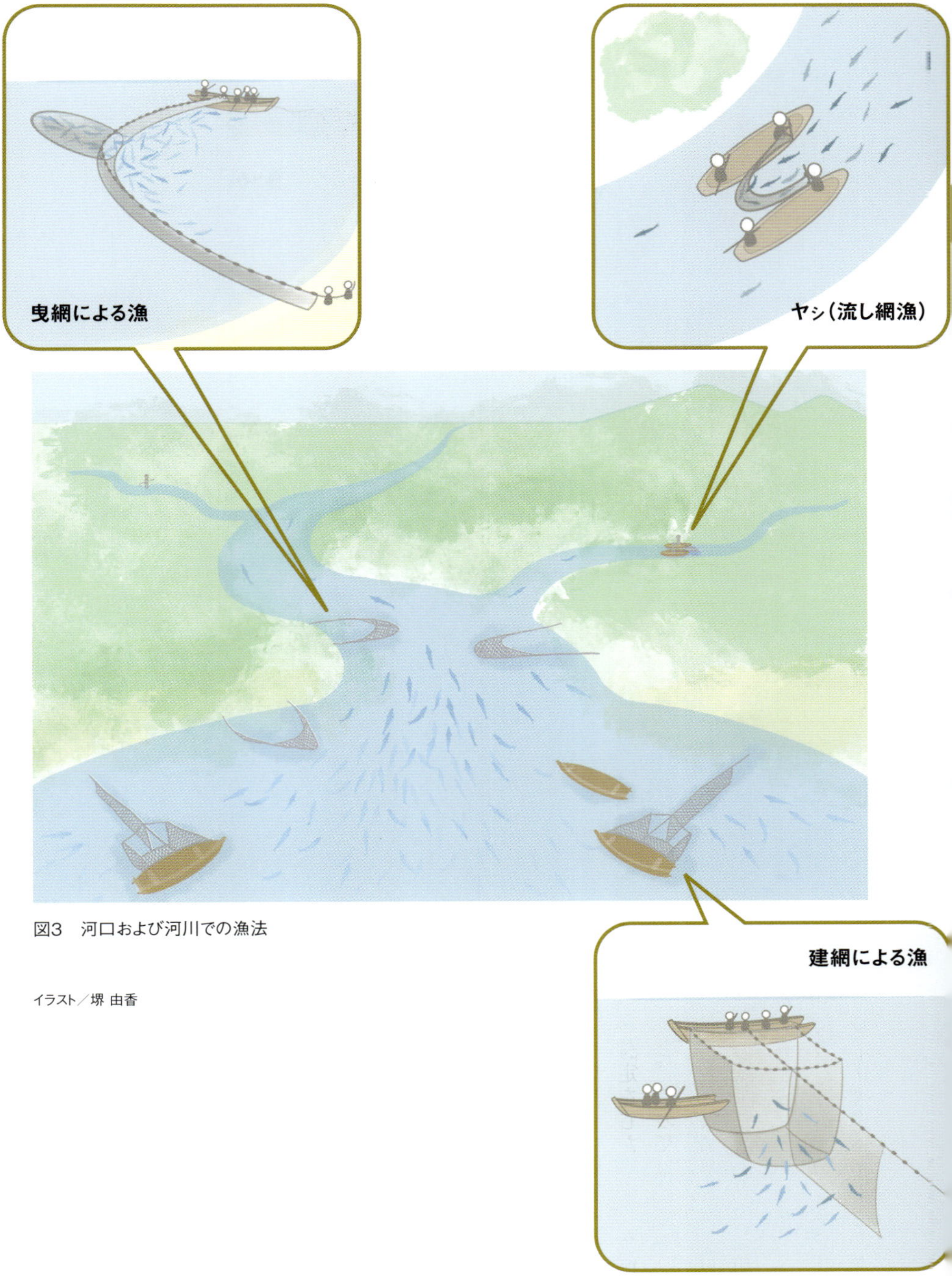

図3　河口および河川での漁法

イラスト／堺 由香

図4　アイヌ施策推進法における文化の定義から想定される文化の例

ている。

第六に、認定アイヌ施策推進地域計画に記載されている場合、国有林野における林産物の採取に関する特例（国有林野における共用林野の設定）、伝統的儀式などのためのサケの採捕に関する手続き緩和、地域団体商標登録の出願に係る手数料・登録料の減免が認められる（第十六条、第十七条、第十八条）。

アイヌ施策推進法の課題

その一方で、アイヌ施策推進法には課題も存在する。第一に、アイヌには先住民族としての権利は一切認められていない。この点、法案審議では国民の理解が得られないという説明が行われていたが、その後、国民の理解を得られるような教育などの努力がされているのか甚だ疑問である。主に国家関係を規律する国際法の一分野である国際人権法では、国連宣言とそれを受けた人権条約の解釈の発展の結果、先住民族には土地や資源に対する権利等の集団としての権利が認められるようになっており、それは国民の理解に関わらず実現が求められる。

第二に、アイヌ文化の定義に生活様式が入ったものの、実際にはアイヌ施策推進法は「儀式」に収まらない生活様式の尊重に結びついていない。だからこそラポロアイヌネ

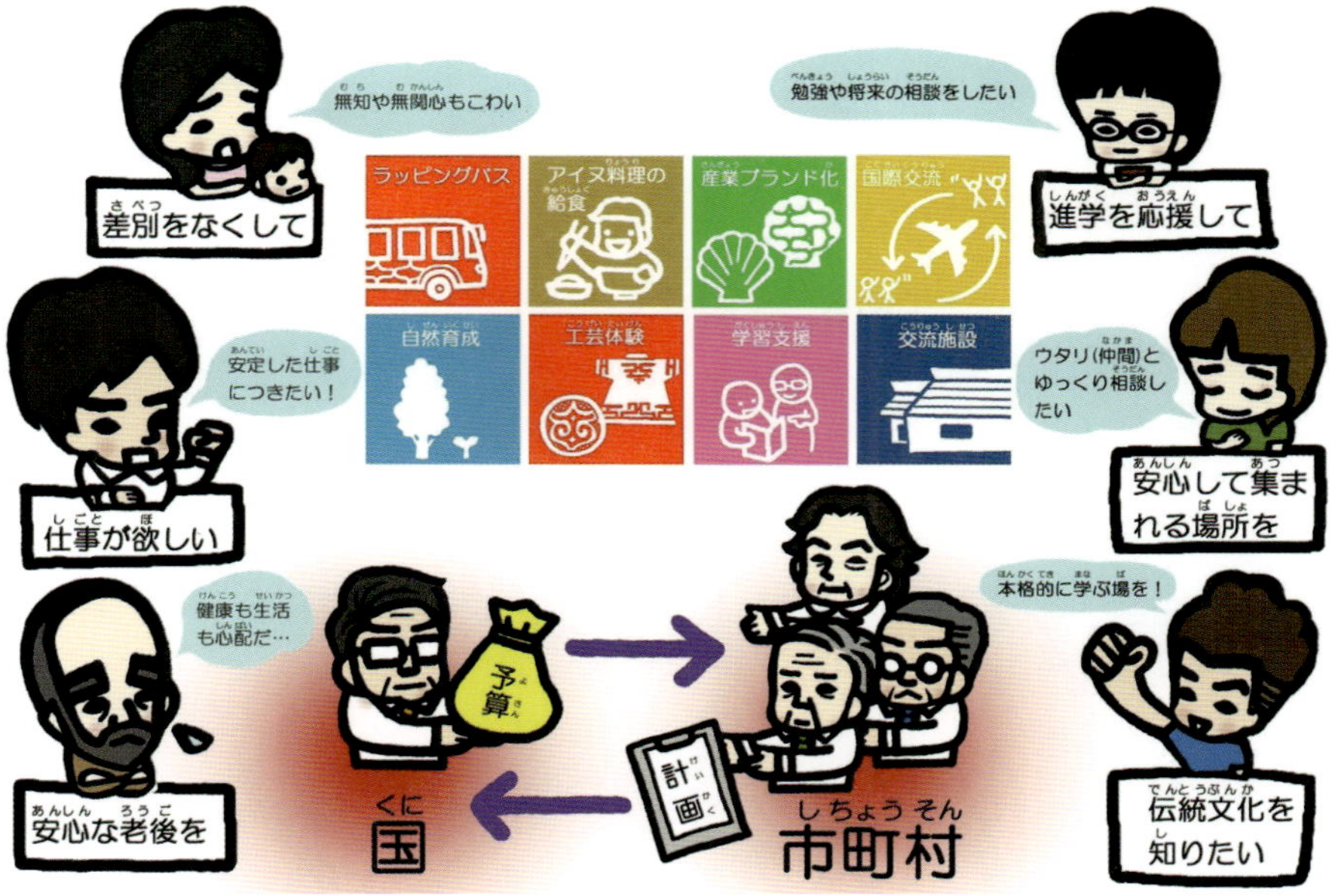

図５　アイヌ施策推進法の交付金事業とアイヌの人々の要望
『ミンタラ③　アイヌ民族33のニュース』（北海道新聞社）より　　イラスト／小笠原小夜

イションのサケの現代的漁法に基づく商業的漁業権を主張する訴訟が行われたわけだ。サケはアイヌが自ら使う食料や衣服の材料であるだけでなく、交易の商品だったのであり、「儀式」に収まらないサケ漁も、アイヌの生活様式である。また人権条約の一つである自由権規約（一九六六年採択、一九七六年発効、日本は一九七九年に批准）は、マイノリティに属する者の文化享有権を保障しているが（二十七条）、そこで保護される「文化」の範囲には、マイノリティ文化の本質的要素となっている経済活動も含まれ、現代的生活様式を取り入れて伝統的文化が展開した場合も、保護の対象となる。

第三に、アイヌ施策推進法には差別に対する罰則がなく、このことは特にヘイトスピーチとの関係で問題となっている。人権条約の一つである人種差別撤廃条約（一九六五年採択、一九六九年発効、日本は一九九五年に加入）では、ヘイトスピーチを法律で処罰すべき犯罪とすべきことを規定している（第四条(a)(b)）が、日本はこの条文に対して表現の自由の観点から留保をつけている。国内法ではヘイトスピーチ解消法（「本邦外出身者に対する不当な差別的言動の解消に向けた取組の推進に関する法律」）にも罰則はないが、条例がヘイトスピーチに対して行政罰や刑事罰を科すことはある。例えば、川崎市の条例で禁止される「本邦外出身者に対する不

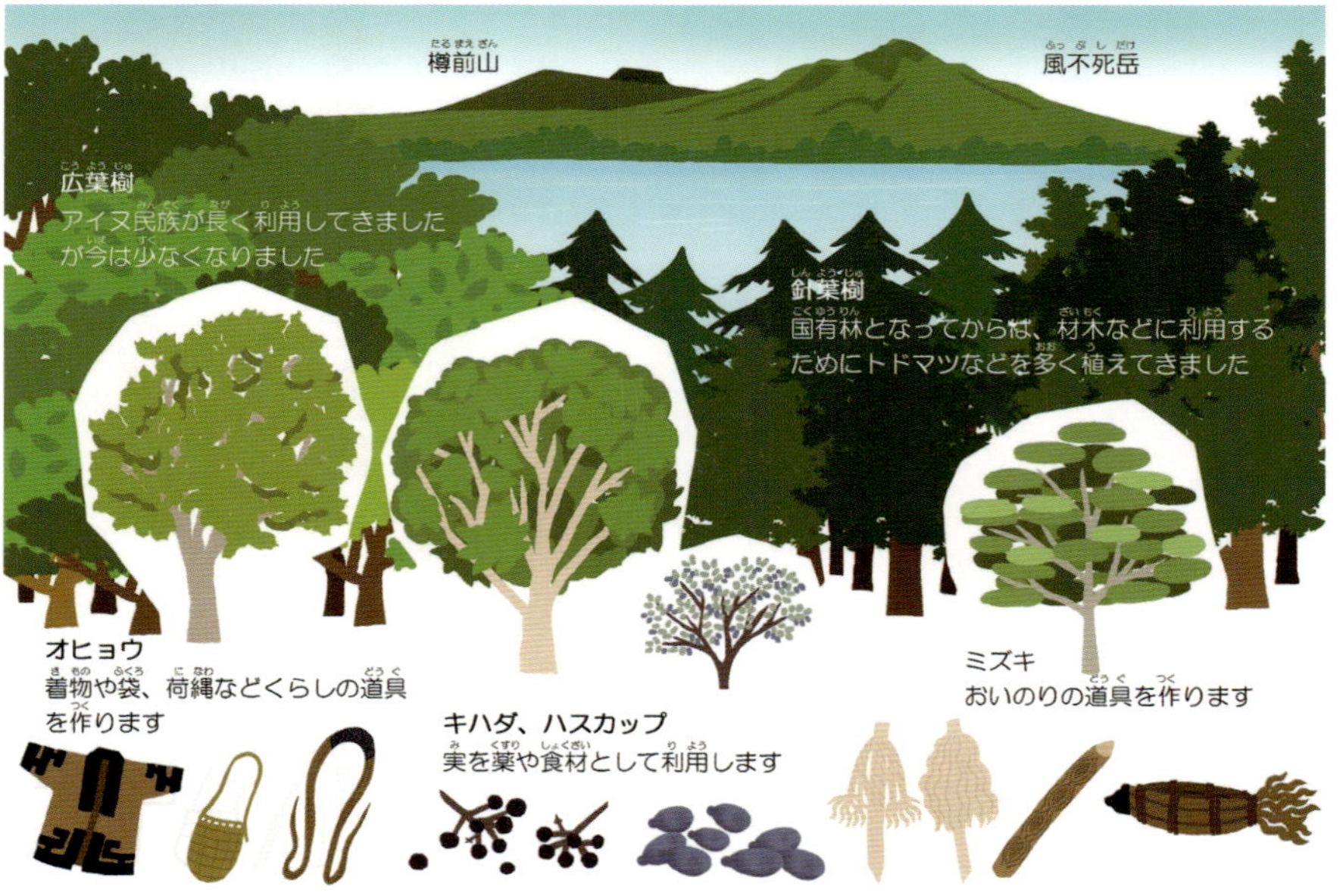

図６　アイヌ民族と野山のめぐみとの関り
『ミンタラ③　アイヌ民族33のニュース』（北海道新聞社）より
イラスト／小笠原小夜

当な差別的言動」について（十二条）、繰り返し違反した場合に五十万円以下の罰金を科すことができる（二十三条）。

第四に、アイヌ施策推進交付金事業の恩恵について地域レベル、個人レベルのそれぞれで格差が生じている。現在の制度では、地方自治体と地元のアイヌ団体の関係が良好な場合に、アイヌ施策推進交付金事業は上手くいきやすい。逆に軋轢が存在するような地域では、そもそも申請までたどり着くことすら難しい。もっとも上手く行っている地域でも、職種などによって交付金事業の恩恵を受ける個人とそうでない個人がいる。

第五に、アイヌ施策推進交付金の制度根拠が明記されておらず、その継続性を含めた位置づけが曖昧である。アイヌ政策のあり方に関する有識者懇談会報告書（二〇〇九年）では、「我が国が近代国家を形成する過程で、アイヌの人々は、その意に関わらず支配を受け、国による土地政策や同化政策などの結果、……貧窮していくとともに、独自の文化の伝承が困難となり、その伝統と文化に深刻な影響を受けた」ことを指摘し、「今後のアイヌ政策は、国の政策として近代化を進めた結果、アイヌの文化に深刻な打撃を与えたという歴史的経緯を踏まえ、国には先住民族であるアイヌの文化の復興に配慮すべき強い責任があるということから導き出されるべきである」としていたのであり（二四頁）、前文でのその言及が望ましかった。

図7　ラポロアイヌネイションの船（2022年9月10日に行われたラポロアイヌネイションのアシㇼチェプノミ（新しいサケを迎える儀式）にて）
（筆者撮影、ラポロアイヌネイション会長から掲載許可）

主要参考文献

小坂田裕子・深山直子・丸山淳子・守谷賢輔（編）『考えてみよう　先住民族と法』（信山社、二〇二二）
小坂田裕子「「先住民族の権利に関する国連宣言」とアイヌ施策推進法を巡る議論」『国際人権』三十四号（信山社、二〇二三）

小坂田裕子　おさかだ・ゆうこ
兵庫県神戸市生まれ。中京大学教授を経て現在、中央大学法科大学院教授。国際人権法を専攻し、先住民族の権利の研究を手掛ける。博士（人間・環境学）京都大学。主な著書に『先住民族と国際法―迫害の歴史から権利の承認へ』（信山社）、共編著に『考えてみよう 先住民族と法』（信山社）などがある。

5
マジョリティの特権性

KITAHARA MOKOTTUNAS
北原モコットゥナシ
北海道大学アイヌ・先住民研究センター教授

札幌の夜景（札幌市）

マイノリティを劣った者と見なす古典的差別に加え、
マジョリティにはアファーマティブアクションが
不当なものに見えることから、
自分こそが不当に差別されているという錯覚に陥りやすく、
「新しい差別」が生まれ問題となっている。
これを克服するためにはどうすればいいのか。

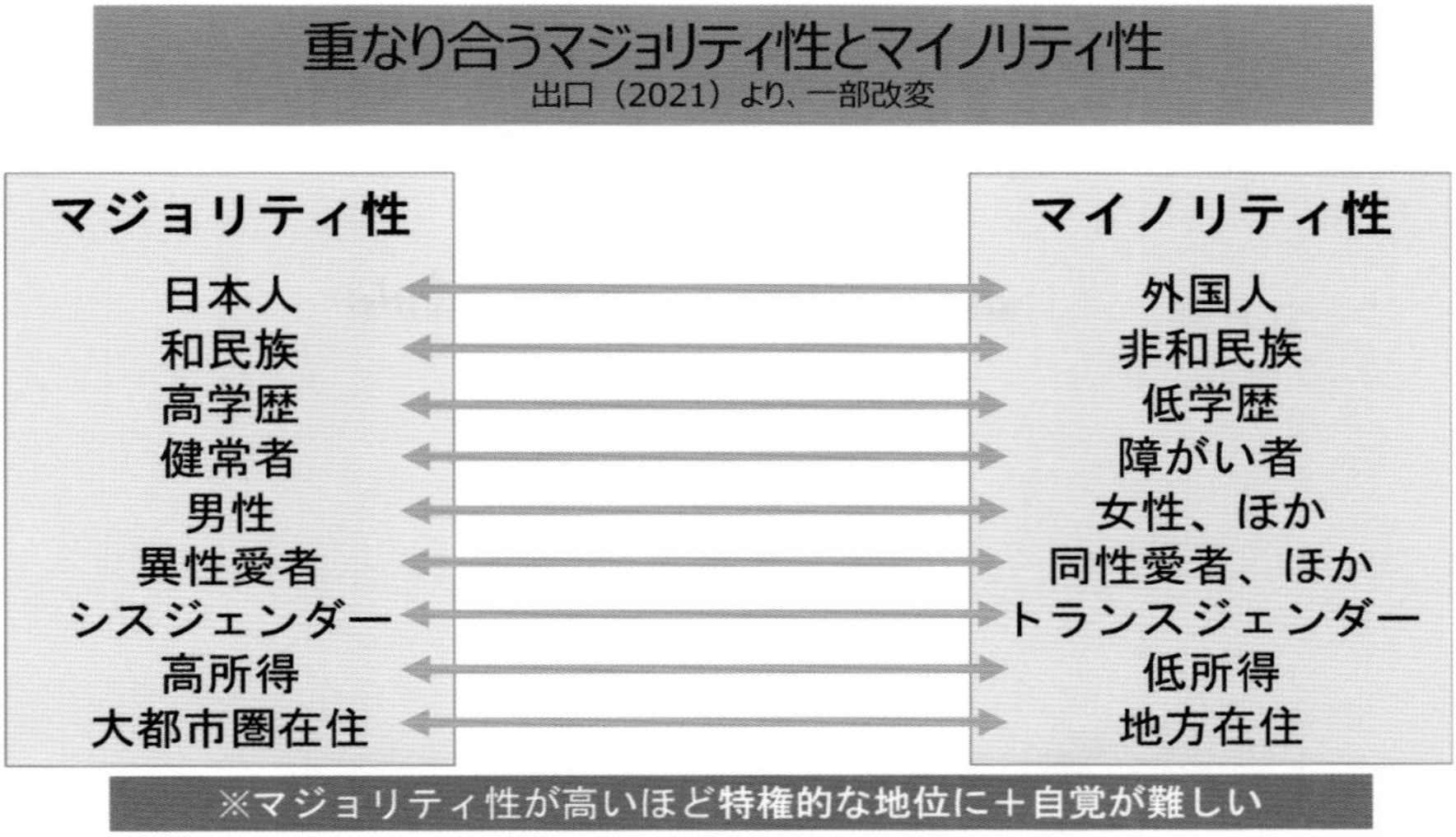

図１　マジョリティ性とマイノリティ性対照リスト

マジョリティ性・マイノリティ性リスト

塩原良和(しおばらよしかず)は、マイノリティをある社会においてネガティブだとされている差異（マイノリティ性）を有しているがゆえに不利な立場に置かれた人々と定義している。これに対し、マジョリティは他者を評価し、マイノリティの位置に押しやる力を持ってきた。

図１に掲げたのは、出口真紀子(でぐちまきこ)が示したマジョリティ性・マイノリティ性のリストに、一部筆者が加筆したものである。マジョリティとマイノリティはとかく二つに一つで語られがちだが、一人の人にも、場面によってマジョリティ性やマイノリティ性が強く表れるものであるから、このように細かにマジョリティ性・マイノリティ性をとらえ、その総体が個人の属性を形成していると考えることは大変有効である。

図を見て、左の項目が多く該当するほどマジョリティ性が高く、その反対ならマイノリティ性が高い。その地位に生まれた者は、労せずして予め優位性を得ている。家庭の経済水準は教育水準に直結する。都市には病院や学校、予備校、就労先などが集中し、そこに住むものはそれだけ多くの選択肢を得ることになる。都市に住む者には、病院や買い物に行くために車で一時間弱移動しなければならないとか、高校以上の進学をしたり就労の選択肢を増やすために家を出て他地域に転居しなければならない（そのためには当然一人暮らしをするための出費も覚悟する）といった不便がない。

日本社会では、男性は概して、進学をはじめ様々なことに挑むことを応援され、またそれができると見なされる。日本国籍であることや、和民族（和人）であることも同様である。反対にマイノリティは「できるはずがない」という目を向けられ、自身でもそう思い込む。とはいえ、こうしたことはマジョリティには自覚しにくいし、マイノリティでさえも感覚がマヒしているから、このことを実感するには何らかの仕掛けが必要である。

「人種差別をなくす実験授業」

二〇二一年、NHKがBBCのドキュメンタリー番組を放映した。ロンドンの中学校で行われた、人種差別を解消するための実験授業に密着したもので、実験を計画・主導したのはアメリカで人種差別の可視化と解消に取り組む研究者である。

アメリカと同様に、ロンドンでも多様なルーツの人々がくらす一方、そうした差異を意に介さない＝見えないことにするカラー・ブラインドネス的な振る舞いがリベラルな態度であると見なされている。実験の舞台となった中学校は比較的裕福な家庭の子供たちが通う学校で、生徒たちはヨーロッパ系の子も、アジア・アフリカ系の子も、異口同音に「人種は自分にとって大きなことではない、気にしたことがない」と語る。

その子たちの意識に、研究者や教員たちが切り込んでいく。印象的な実験の一つはこのようなものであった（図2）。子供たちを運動場に集め、これから一〇〇メートル走をするといって、スタートラインに並ばせる。スタートの前に「両親が英語母語話者である子は、ラインから一歩前に進みなさい」と指示をする（指示内容は筆者が要約・補足している。以下同じ）。生徒たちはみな怪訝そうな顔をし、該当する子は一歩前に出る。次に教師は「今まで自分の生まれた町にいながら、同じ人種の人が周りに一人もいない瞬間を経験したことがある子は、一歩下がりなさい」という。指示に従って下がる子は、アジア・アフリカ系の子だけである。続いて「地元にいて、いつも出身地を聞かれる子は一歩下がりなさい」という指示が出る。「町で警察官を見かけたときに、家族が職務質問される心配をしたことがない子は、一歩前に出なさい」という指示が出ると、ヨーロッパ系の子は半ばパニックになり不快をあらわにし「何が言いたいんだ？　そんなこと考えるわけがない！」という反

①両親が英語母語話者。→
②同じ人種が周りに1人もいなかったことがある。←
③地元にいても出身地を聞かれる。←
④警官を見たとき家族が職務質問される心配をしたことがない。→
⑤家族に「差別に気を付けろ」と言われる。←

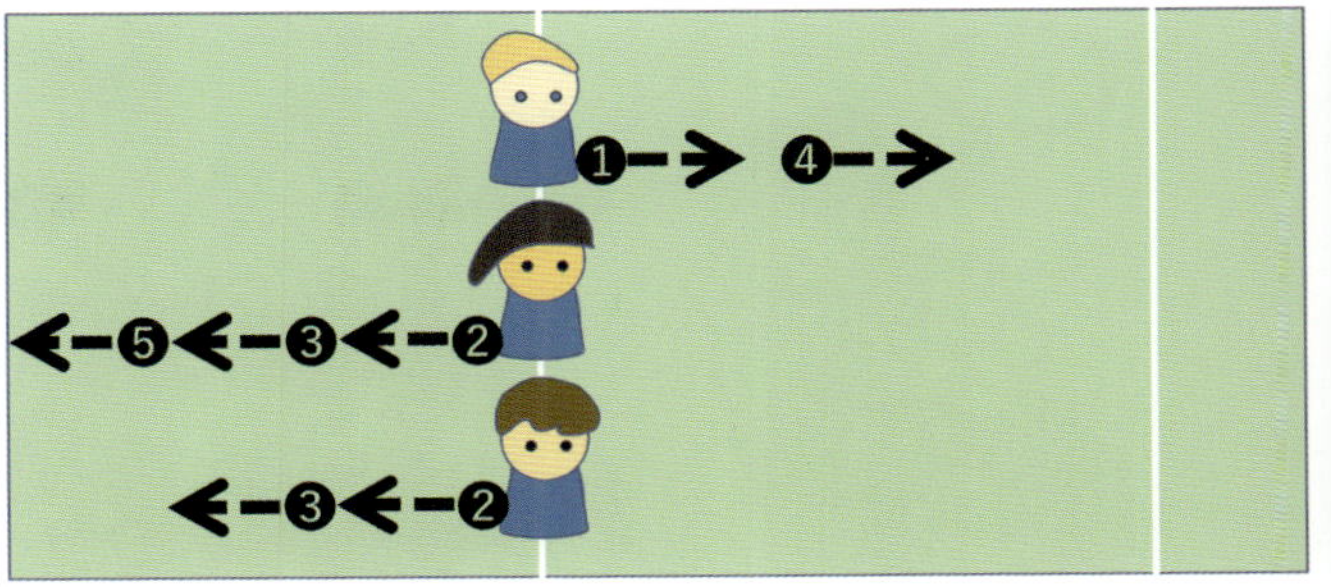

図2　見えない人種格差を可視化する実験授業

応をする。しかし、アジア・アフリカ系の子は、静かだ。自分が忘れていた、あるいは考えないようにしていたあることに気づいた顔になっている。「そうだった。自分の家族や親族は、理由もなく職務質問をされることが頻繁にあるし、考えてみれば自分たちはロンドン社会からそういう目で見られているのだ」ということを、ここですっかり理解しているのだ。

最後の指示は、筆者も見ていて胸が締め付けられた。「家族に『家の外に出るときには、差別を受けないように気をつけなさい』と言われたことのある子は一歩下がりなさい」。また数人の子供たちが一歩下がる。番組の放映と同じ時期に、アメリカで再活性化したブラックライブズマターの報道のなかで、ある女性が「我が子に、差別を知らずに済む自由を与えてあげたい」と口にしていたことが想起される。

「個人的努力」と「成功」の罠

すべての指示の後、一番前の生徒と一番後ろの生徒の間には大きな差ができている。この実験によって何が明らかになったのか。英国社会で様々な機会を生かし、自分の選択肢を広げていくには英語が流ちょうに話せることが非常に大きなポイントであることは間違いない。その点で元々イギリスにルーツを持つ者には強みがある。仮に言語の問題を克服できたとしても、容姿によって異質視されることは免れない。これは事あるごとに、そこにいることを見とがめられ、自分は何者で、なぜここにいるのかを説明させられるということでもある。それどころか犯罪者予備軍として、疑いの目を向けられ、潔白を証明できるよう心構えをしておく必要まである。そして、社会のなかで高い地位に就くほど「あなたは本当に適格なのか」と問われる頻度

図2　見えない壁
『ミンタラ③　アイヌ民族33のニュース』(北海道新聞社)より
イラスト／小笠原小夜

も増し「成功」のハードルが上がる。言い換えれば、そういう経験をしなくて済む特権がマジョリティにはある。

生まれる場所や国籍、民族性などは、当人が選択できるものではないし、意識化し言語化するにも相応のトレーニングが必要である。にもかかわらず、幼い頃から日常的に説明を求められ、その負担も当然とされ、そのうえ相手は必ずしも納得するとは限らない。「あなたがここにいることは不自然だ」「自分の国は自国民だけがいる場所であってほしい」「国に帰ったらどうだ」といった暴言を受けることも珍しくない。このストレスは、マジョリティには想像しにくいことだが、想像する努力はするべきである。コロナ禍でアジア人への風当たりが強くなり、日本からヨーロッパへ旅行した人は以前にも増してヨーロッパ社会における排除を実感している。マイノリティの不利を実感すると同時に、日本国内では自身がマジョリティであり、望まなくとも同種のコストやストレスを他者に強いている可能性も考える必要がある。和民族は、帰国すればマジョリティだが、アイヌのような先住民族は、故地にいても常にマイノリティなのである。

この実験の巧妙なところはもう一つある。個人の身体能力によって、一番後ろの子が差を跳ね返してトップになることもある。それは実社会でも起こりうることで、だから我々は「不利な状況に置かれても、自分自身の努力で克服すれば良いのだ」という結論に飛びつきやすい。自分が有利だと思うことだけでなく、不利だと思うことも愉快ではないからだ。わかる。ヒジョーに。

しかし、誰もが逆境を克服できるわけではないし、そのことを不利な者の責任と見なしてはならない。生徒たちの間に厳然とある差を、無かったことにしてはならないのだ。人種に限らず、マジョリティとマイノリティの差異を気にしないと言って見せることは、結局のところマジョリティ優位の構造を温存することになる。

自動ドアのある生活

出口氏は、こうしたマジョリティの特権を自動ドアに例えている。人が生きるなかで、様々なステップを越えるとき、マイノリティの前には扉があり、自力で開ける必要がある。いくら開けようとしてもびくともせず、扉が壁になることもある。ところが、その扉をマジョリティが通過するときには自動的に開く。そこで、マジョリティはそこに扉があるとさえ認識しない。ある人が経験する障壁を、認識することさえないのがマジョリティの特権性である。

人は自分が生活する社会を肯定的にとらえたがる。幸福は努力に応じて公平に得られ、成功・不成功は努力の結果とされる。マイノリティは、壁に当たる経験を通じて、社会が公平ではないと気づく機会があるが、マジョリティにはそうした機会がないので、誰もが同じスタートラインに立っていると考える。その結果、様々な不平等・格差を解消するためのアファーマティブアクションが不当なものに見え、自分こそが機会を奪われ、不当に差別されているという錯覚に陥りやすくなる。マイノリティを劣った者と見なす古典的差別に加え、二十世紀の後半からはこうした「新しい差別」が問題になっている。これを克服するために、マジョリティもマイノリティも、マジョリティの特権性について理解することが重要なのである。

参考文献

北原モコットゥナシ（著）・田房永子（漫画）　二〇二三　『アイヌもやもや　見えない化されている「わたしたち」と、そこにふれてはいけない気がしてしまう「わたしたち」の。』（303BOOKS）。
北原モコットゥナシ・瀧口夕美・小笠原小夜　二〇二四　『ミンタラ3　アイヌ民族33のニュース』（北海道新聞社）
塩原良和　二〇一三　「ヘイトスピーチと『傷つきやすさ』の社会学」『シノドス』（オンラインサイト　https://synodos.jp/society/5846/3）
出口真紀子　二〇二一　「見えない特権を可視化するダイバーシティ教育とは？」『多様性と対話　ダイバーシティ推進が見えなくするもの』（青弓社）

2023年、アイヌ語学習プログラム担当時の様子

未来のアイヌのために何ができるか

荒田このみ（ニヌム）
公益財団法人アイヌ民族文化財団
ウポポイ（民族共生象徴空間）運営本部
文化振興部体験教育課主任
ARATA KONOMI

私は、ウポポイの前身であるポロトコタン（アイヌ民族博物館）で行われていた「アイヌ文化担い手育成事業」の一期生でした。それまでは、もちろん自分のルーツがアイヌであることは知っていましたが、日常的にアイヌ文化に触れる機会は、私の場合はあまりありませんでした。学校の授業でアイヌについて触れたり、あるいは修学旅行で行ったポロトコタンで「ムックリ」というアイヌの楽器を演奏したりと、限られた機会だけでした。

私は母方のルーツがアイヌなのですが、旭川に住んでいたので、旭川の祖父母の家に行った時にアイヌの行事に参加したりはしましたが、当時、住んでいた札幌では、日常的にアイヌ文化に触れる機会はほとんどなかったのです。高校生の途中くらいまでは、自分がアイヌであることを意識することもなく、むしろ、アイヌであることを友だちに知られたくない、知られたら変に思われるのではないかという意識でした。当時は、「アイヌ」という言葉は悪口のひとつとして使われることもあったからです。

2008年、担い手一期生時の
アイヌ語模擬授業の様子

　転機となったのは高校二年生のときです。国際交流事業のひとつとして、アイヌと海外の先住民族との交流の機会があり、それに参加しました。そのとき、初めて同世代のアイヌの友だちができました。アイヌであることについて感じていた「もやもや」とした意識を共有できる仲間ができた。それはとても居心地の良い関係でした。とくに最初に友だちになり、今でも友人である道東出身の女性は、私と正反対に幼いころからアイヌの歌や踊りに親しんできたのですが、それでもアイヌであることを周囲には知られたくないと思っていた。まったく違う環境で育ってきた私と、同じ思いを抱いていることに共感し、すぐに仲良くなりました。そして彼女の影響もあり、アイヌとしてアイヌに関わることをしたいという思いが芽生えてきたんです。

　十九歳のとき、やはり国際交流事業の一つとして台湾に行き、そこで先住民族の方と交流したのですが、事前にアイヌ文化についてポロトコタンで学ぶ機会がありまして、それもアイヌ文化への想いを強くするきっかけだったと思います。そして、専門学校を卒業する機会に、ちょうど「担い手育成事業」の募集があり、「行くしかない」と思いました。

　担い手育成事業一期生となり、北海道の各地に同世代のアイヌの友人がたくさんできました。男女を問わず、アイヌ同士の友人関係が本当に楽しくて、すべてが新鮮でした。その友人たちの中には、歌や踊りが上手な人もたくさんいたのですが、アイヌ文化の担い手育成事業について、小さい頃から歌や踊りに携わってきたけどアイヌ語が話せるわけではないし、アイヌ語を習える環境でもなかったから、三年間のカリキュラムの中でアイヌ文化全般を学べる環境にいることが羨ましいという声がありました。この三年間で自分自身、

2023年、阿寒湖「まりも祭」に参加した子どもたち

何を習得して仲間のアイヌのために何ができるのかを考えるようになりました。

そういった中で、特にアイヌ語に興味がわきまして、覚えたてのアイヌ語を仲間たちの前で使うと「すごい」と感心されたりしたのも自信につながりました。三年間の育成事業を修了したとき、アイヌ民族博物館で保管している音声資料を使った「アイヌ語聞き起こし事業」が始まります。タイミングよくその事業に採用となりまして、四年ほどその仕事に携わりました。

その後、育成事業の二期生の一人と結婚し、出産も経験します。育成事業を終えた夫は出身地である帯広市で就職しましたので、一緒に帯広に移住します。それから五年ほどは子育てに忙しかったのですが、ちょうどウポポイが開業にあわせて職員を募集していまして、夫とともに応募し、採用していただきました。

ウポポイで仕事をするようになってからは、少し意識も変わりまして、自分の子どもの世代がアイヌであることで苦労をしないで済むようにしたい。アイヌであることで嫌な思い

2024年、秋イベントでの様子

をしないようにしたいと思うようになりました。ウポポイで、どういう発信をすればそれができるか。アイヌの将来を見据えて、未来を担う子どもたちのために何ができるかと考えるようになったんです。嬉しいことに、私の子どもたちはアイヌ語を話せるようになりたいとか、アイヌの踊りをおぼえたい、大きくなったらウポポイで働きたいと言ってくれています。ただその気持ちを強制するつもりはありません。子どもたちには子どもたちが思う道を歩んでほしい。アイヌであることに「負の感情」を抱かないような環境にしていくのが私たち親の使命であると思っています。

　ウポポイでは、開業前からアイヌ語に関連するプログラムに関わってきました。施設内の表示などのアイヌ語表記を検討する作業や、来場者に向けたアイヌ語学習のプログラムや、アイヌ語の口承文芸を実演することにもプレイヤーとして携わってきました。職員のポンレ（ニックネーム）は、膨大な数の候補を検討して選び出すのですが、私や山丸ケニさんは、その作業にいまも関わっています。すでに百名以上のポンレを決めてきました。

　二〇二四年四月からは、新たにできた企画調整課に移りまして、博物館と公園を合わせたウポポイ全体のイベントを企画・調整したり、外部のアイヌ文化伝承者と交流するなど、地域との連携を進める仕事もしています。ウポポイをさらに充実させるとともに、地域との交流も今後さらに広げていきたいと思っています。

あとがき

本書は執筆していただいた方、インタビューにお答えいただいた方、座談会に参加していただいた方など、編者を含め、総勢23人の方の協力によってできています。原稿の締め切りも当初は執筆期間を一ヶ月もとれないような、誠に失礼な依頼の仕方をしたにもかかわらず、これだけの珠玉の論考やエッセイが寄せられまして、感謝しかありません。本書が当事者の視点とより広い視野をもつ、新しい「アイヌ学」の地平を切り開くための道標のような役割を果たしてもらえるのならば、これ以上の喜びはありません。

最後に本書の編集、出版でお世話になりました三猿舎と向坂好生氏に心より御礼申し上げます。

2024年10月30日

監修・著
国立アイヌ民族博物館館長・ウポポイ運営副本部長 **佐々木史郎**
北海道大学アイヌ・先住民研究センター教授 **北原モコットゥナシ**

取材・編集・構成
三猿舎／向坂好生

校正
伊藤久美

DTP
ドルフィン

取材・撮影協力
国立アイヌ民族博物館／公益財団法人アイヌ民族文化財団

カバー意匠・各章角飾り
山道陽輪

作図
グラフ
川瀬 誠

A&F

最新アイヌ学がわかる

2024年　10月30日　第1刷発行

発行者
赤津孝夫

発行所
株式会社 エイアンドエフ
〒160-0022
東京都新宿区新宿6丁目27番地56号　新宿スクエア
出版部 電話 03-4578-8885

装幀・本文デザイン
芦澤泰偉＋五十嵐 徹（芦澤泰偉事務所）

印刷・製本
株式会社シナノパブリッシングプレス

© 2024 A&F Publishing Inc.
Printed in Japan
ISBN978-4-909355-48-5　C0039

本書の無断複製（コピー、スキャン、デジタル化等）並びに無断複製物の譲渡及び配信は、著作権上での例外を除き禁じられています。

また、本書を代行業者等の第三者に依頼して複製する行為は、たとえ個人や家庭内の利用でも一切認められておりません。

定価はカバーに表示しております。落丁・乱丁本はお取替えいたします。